みんなが
“活き、活かされる”
社会をつくる

SDGs
ダイバーシティ
BOOK

監修／佐藤真久

編集協力／認定NPO法人ETIC.

はじめに

SDGs（持続可能な開発目標）って聞いたことがあるけれども、英語だから、世界のことだから、自分には関係ないって思っていませんか？

SDGsは、大きな国も小さな国も、企業もNPO／NGOも学校も、友だちも家族も地域住民も力を持ち寄り、より良い未来をつくろうという国際プロジェクトです。地球上にある豊かな自然や資源を未来に残し、誰一人取り残すことなく幸せに暮らせる世界をつくるために、世界中の人たちが取り組んでいます。

けれども、SDGsで言われている17の目標をなかなか自分ごととして捉えることが難しいと思っている人も多いかと思います。このSDGsの自分ごと化に向けて、一昨年は、身近な社会課題とSDGsの関連性に気づき、私の身近な行動（Do）へとつなげる『私たちのSDGs探究BOOK』を制作しました。昨年は、自身のあり方、生き方、働き方（Be）へとつなげる『私たちのライフキャリアBOOK』を制作しました。そして今年は、多様な人が活き、活かされる社会を目指す本書（Live Together）を制作しました。

インド独立運動の父と呼ばれるマハトマ・ガンジーは、「Be the Change You Want to See in the World」と述べ、地球に住む一人ひとりが自分ごととして社会の問題を捉え、変化の担い手になることの重要性を指摘しました。ぜひ、本書を通してさまざまなアイデアと取り組み事例にふれ、多様な人が活き、活かされる社会を模索しつつ、変化の担い手として、これからの皆さんのチャレンジに活かしてください。本書は、企業、学校の先生、国際協力団体、NPO／NGO、大学、クリエイター、デザイナーなどの多様な力を持ち寄りつくられました。このすばらしい国際プロジェクトに参加をして、一緒により良い未来をつくっていきませんか。

東京都市大学大学院 環境情報学研究科 教授

佐藤真久

登場人物紹介

「未来の授業 SDGsダイバーシティBOOK」は、けんた、みのり、かずや、ゆみが中心となりストーリーが進んでいきます。4人はそれぞれ性格や考え方、興味のある分野が違うため、個性を活かしつつ、お互いに補いながら課題に取り組んでいきます。また、4人がSDGs博士やアメリカに住むアレックス、SDGsメガネなどのサポートを受けながら成長していくのも本書のポイントです。みんなも4人と一緒に、SDGsやダイバーシティについて学び、大きく成長してきましょう！

直感・行動タイプ

けんた

サッカーやゲームなど、とにかく楽しいことが大好きな男の子。誰とでも友だちになれる明るい性格だけど、騒がしくて周りにたしなめられることも。最近は、実家の魚屋を手伝いながら、地域活動に参加している。

アイデア実践タイプ

ゆみ

自分らしいおしゃれに夢中な、2つの国にルーツを持つ女の子。柔軟な発想力を活かしてアイデアを生み出すのが得意。社会で活躍するかっこいい女性を目指し、周りを引っ張るリーダーシップにも磨きがかかっている。

SDGs博士

どこからともなく現れては、4人にSDGsやダイバーシティ、社会課題についてレクチャーする謎の博士。

価値・意義
重視タイプ

みのり

周りの人たちに寄り添(そ)って物事を考える、心やさしい女の子。おとなしい性格である一方、自身のアイデンティティに向き合うことで、少しずつ自分らしさを発揮していく。

SDGsメガネ

日常の目には見えない問題を可視化する不思議なメガネ。SDGs博士からけんたたちがもらい、大事に保管している。

理論
タイプ

かずや

けんたたちの学校に転校してきた男の子。冷静に物事を考える性格で、勉強だけでなく、卓球(たっきゅう)にも一生懸命(いっしょうけんめい)に打ち込(こ)む真面目さが特徴(とくちょう)。4人でダイバーシティを学び始めるきっかけをつくったキーパーソンでもある。

アレックス

けんたたちの同級生だったアメリカ人の男の子。現在はアメリカのサンフランシスコに暮らしている。

目次

はじめに …… 03
登場人物紹介 …… 04
SDGsチャレンジストーリー 第1話 …… 10
本書の使い方 …… 16

第1章 SDGs・ダイバーシティについて知ろう …… 19

「SDGs」ってなんだろう? …… 20
SDGsってどうして生まれたの? …… 22
より良い世界をつくるための、SDGs「17の目標」 …… 24
「17の目標」がつながり合うことで、課題はどんどん解決していく …… 26
「ダイバーシティ」ってなんだろう? …… 28
日本が抱えているこれから解決すべき課題たち …… 30

第2章 身近な問題から考えよう …… 33

SDGsチャレンジストーリー 第2話 …… 34
01 やり直しづらい日本社会 …… 38
失敗しても、人生をやり直せる仕組みをどうつくる?
02 日本でも起きている食料問題 …… 40
食料自給率が低い日本、「食品ロス問題」も年々深刻に
03 チャンスに変わるか?人口減少 …… 42
人口減少はチャンス!?若者も高齢者も活躍できる社会へ

04 マイノリティの人々の幸せ向上 …… 44
社会の中でダイバーシティを進めるキーマンってどんな人たち？

05 希薄化・孤独化するコミュニティ …… 46
家族と一緒に住んでいても3人に1人が孤独を感じている！？

06 延ばしたい健康寿命 …… 48
世界一の長寿国・日本でも寝たきりや介護状態の人が増えている！？

07 世界が注目する水資源問題 …… 50
蛇口をひねれば、安全で清潔な水が出る。これって「当たり前」のことではないの？

08 持続可能なエネルギーの実現と普及 …… 52
電気のある快適な生活と豊かな自然環境は両立できる？

09 出番を求める人々に活躍の機会を …… 54
誰もがあきらめることなく、いきいきと働くことができる社会とは？

10 解放せよ組織内リーダーシップ …… 56
一人ひとりが力を発揮できる組織のあり方とは？

11 専門職が力を発揮できない職場環境 …… 58
専門的なスキルを持った人たちが大好きな仕事をあきらめている！？

12 日本中に眠る未利用資源 …… 60
材木、建築物、空きスペース…日本は「未利用資源」がいっぱい！

13 止まらない気候変動 …… 62
土砂崩れや河川氾濫…これも気候変動の影響って知ってた？

14 社会づくりに参加しやすく …… 64
選挙に参加する若者は3人に1人！？参加しやすい仕組みとは？

15 時代に合わせた幸せの模索と実現 …… 66
将来の夢や目標を持てない子どもが増えている！？

16 高ストレス型社会からの脱却 …… 68
2人に1人が、ストレスを抱えながら生きている！？

日本の課題をもっと知ろう、解決のアイデアをみんなで共有しよう！ …… 70

第3章 仕事体験に行こう …… 71

SDGsチャレンジストーリー 第3話 …… 72

公益社団法人 青年海外協力協会「JOCA東北」 …… 84

特定非営利活動法人 安芸高田市国際交流協会 …… 85

株式会社ワーク・ライフバランス …… 86

特定非営利活動法人 ABCジャパン …… 87

SDGsチャレンジストーリー 第4話 …… 88

みのりの視察レポート 日本の先住民族の文化を伝える「ウポポイ」 …… 92

第4章 SDGsの達成に挑む企業に突撃インタビュー …… 93

SDGsチャレンジストーリー 第5話 …… 94

パナソニック …… 96

明治グループ …… 100

Indeed …… 104

神奈川県住宅供給公社 …… 106

カンコー学生服 …… 108

日本特殊陶業 …… 110

日本ガイシ …… 112

ネスレ日本 …… 114

ハウス食品グループ本社 …… 116

BNPパリバ・グループ …… 118

マルハニチロ …… 120

三井住友トラスト・アセットマネジメント …… 122

三菱UFJモルガン・スタンレー証券 …… 124

ライオン …… 126

味の素AGF …… 128
サントリーホールディングス …… 129
昭和電線グループ …… 130
日本山村硝子 …… 131
白寿生科学研究所 …… 132
花嫁わた …… 133
パルシステム …… 134
丸富製紙 …… 135
リリカラ …… 136
ロッテ …… 137
和田興産 …… 138

企業の担当者さんについてインタビュー！ …… 139
企業の取り組み一覧 …… 144
動画でさらに学びを深める！SDGs未来会議チャンネル …… 149

SDGsチャレンジストーリー 最終話 …… 150

ダイバーシティを進める団体の皆さんから読者の皆さんへメッセージ …… 156
教材としての本書の活用方法 …… 158
本書で取り扱っている問いとその背景 …… 159
現場の先生がたの声 …… 160
おわりに …… 162
参考になるダイバーシティ・SDGs関連の書籍・教材・ウェブサイト …… 166
監修・編集協力・協力者・団体 …… 168

キーンコーン
カーンコーン…

実は今日
みんなに
クッキー焼いて
きたの
へぇ
すごーい!

カワイイ♥

こんなにおいしい
お菓子つくれるなんて
みのりは女子力が
高いな〜
おいしーー♥
おい、ゆみ!
少しはみのりを
見習えよ!
あ…
いや…
私はそんなに
女の子らしくないし
食べるのが専門だから
いいの!
モグモグ…

…。
ベーだ!

どうした?みのり
体調でも悪いのか?
えっ!?

ちょっと
いいかな…
ガラッ

初めまして！
ぼくは かずや

話し声が
にぎやかだから
聞こえたんだ
口を
はさむようで
悪いけど…

『女子力高い』とか
『女性らしい』とか
決めつけるのは
良くないと思うよ！
君は良かれと
思って言ったの
だろうけど…

じゃあ！
なんだ？
アイツ…

たしか
隣のクラスの
転校生よ
へー、…
オレは みのりを
褒めているんだから
大きなお世話
だよな～
なんだよ
全く…

数日後
今日の映画
面白かったね〜
だねー

あの人だかりは
なんだろう？
パラスポーツ

パラスポーツ
体験会…？
パラスポーツ体

見たことない形の
卓球台ね…
ねえ…
あそこにいる
人って…

この前
話しかけてきた
転校生よ！

やあ…
オレたちと同じ学校の
かずやだよね
どうしてここに
いるの？
ぼくはボランティアで
パラ卓球の
インストラクターを
しているんだ

これが卓球台？
学校にあるものと
違うけど…

あっ、わかった！
パラ卓球だから
障がいと関係して
いるんじゃない？

そのとおり！ これは
『PARA PINGPONG TABLE』といって
さまざまな障がいを抱えるパラ卓球選手たちが
どんな感覚で競技に
チャレンジをしているのか
体験できる卓球台なんだ
コートが丸い
左に伸びている
奥行きが長い

パラスポーツって
身体に障がいのある人が
取り組むって聞いたことあるよ
でも、見た感じだと君は…

実は…
ササッ

!

小さい頃に
事故にあって…
ブーン…
それからずっと
義足をつけて
生活して
いるんだ

足に障がいを持ってから
ふさぎ込みがちだったけど
パラ卓球に出合ってから
熱中しているんだ！

それにパラスポーツは
“障がいのある人の
ためのスポーツ”じゃなんだ！
障がいのある人と健常者が
一緒に楽しめる
『ダイバーシティな
スポーツ』！
Diversity
その魅力をたくさんの人たちに
知ってほしくて
いま自分にできることとして
ボランティアを
やっているんだ

社会のために
行動して
いるなんて
すごいな！
事故の辛さを乗り越えて
やりたいことに
精一杯打ち込める
その前向きさ
見習いたいわ
ねえ、私たちも
パラ卓球
やってみたい！
早く案内してよ！
いままでそんなこと
言われたこと
ないから
うれしいよ

パキッ
ひ〜

いつもの卓球とは違う感覚で
楽しかったな〜！
パラ卓球が身近なものに
なった気がするよ

ところで
ダイバーシティって
なんだ？

バッグに付いた
『ヘルプマーク』や
飲食店の
『多言語対応メニュー』
なんて見たことない？
『色んな人が活き、活かされる社会』
『自分らしく生きられる社会』の
実現を目指して
世界中ではたくさんの
取り組みが生まれているんだ！
バシッ!!
博士!?
いつの間に？

国籍や文化の違いや
障がい・病気の有無に
関わらず
すべての人が
快適に生活するための
取り組みだよ
フーッ
いい汗かいた…

なるほど…
ダイバーシティは
世界中のすべての人たちが
暮らしやすい社会を
つくるために必要な考え方
なのね
だれ？
びっくりしたー

よし！ それじゃあ
みんなで
ダイバーシティに
ついて勉強
していこう！
SDGs博士！
ダイバーシティに
ついて もっと
知りたいです！！
ボク協力
するよ！

本書の使い方

「未来の授業 SDGsダイバーシティBOOK」は、SDGsについて学ぶだけの書籍ではありません。私たちに身近な日本の社会課題をクローズアップし、その解決を目指して活動する自治体やNPO、企業の取り組みを知ることができます。

第2章　身近な問題から考えよう　P33-P69

紹介する社会課題

SDGsってほかの国の話だと思ってない？日本にも社会課題はいっぱいあるよ。自分の身の回りで思い当たることはあるか、考えながら読み進めてほしいな。

課題の基本情報

2　01 やり直しづらい日本社会

身近な問題から考えよう

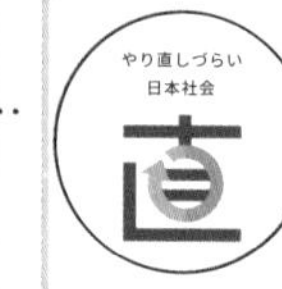

失敗しても、
人生をやり直せる
仕組みをどうつくる？

NO!
え〜、一度でも失敗したらもう挑戦できないなんて冷たすぎるよ！
「またがんばろう！」と前向きになれる社会をつくろう！

たった一度の失敗で、
いつもの暮らしとサヨナラ！？

どんな挑戦であっても、必ずしも「成功する」という保証はありません。むしろ数々の失敗から成功のヒントが見つかることもあります。ただ、日本は“再挑戦が難しい国”と言われています。例えば、経営する会社が倒産した場合に自己破産*や路上生活を選択すると、“自己責任”の名のもとに援助してもらえず、苦しい生活から抜け出せなくなることが多いのです。2019年の個人の自己破産件数は7万3,095件。路上で暮らす人々のうち、10年以上にわたり家と呼べる場所のない状態の人は30%を超えるというデータもあります。悲しいことに、住まいや仕事がないために犯罪に手を染めるなど、さらに失敗を重ねてしまう事例も少なくありません。誰もが失敗しても人生をやり直せる仕組みをつくるには、社会の仕組みそのものを変えていかなければなりません。

38

*自己破産…借金を返済できる見込みがない場合に、裁判所の認可を得て返済を免除してもらうこと

そして、本書のもうひとつのテーマが「ダイバーシティ」。「色んな人が活き、活かされる社会」、「自分らしく生きられる社会」をどう実現していくのか。そのヒントに、本書はきっとなるはずです。けんた、みのり、かずや、ゆみという個性豊かな4人と一緒に、みんなもそんな社会を考えてみましょう！

日本の社会課題と世界のSDGsは、
どうつながっているのかな？

課題と深く関係するSDGs

課題に関係するSDGs

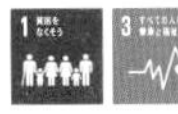

課題に関連するデータやニュースはたくさんあるよ。君も調べてみたら、知らなかった驚きの情報が見つかるかも？

このSDGsが深く関係しているよ

1. 貧困をなくそう
生活のためのお金が少なくなっても、安心して暮らせる社会づくりが必要です。

4. 質の高い教育をみんなに
誰もが自らの可能性を伸ばすことができる、学びの仕組みが求められています。

16. 平和と公正をすべての人に
暴力や犯罪の抑制、人権保護に向けた取り組みを広げなければなりません。

この課題をもっと知るための
データやニュース

2020年に発生した新型コロナウイルスは、いまだに日本経済にダメージを与えているよ。経営の悪化などが原因で企業が倒産し続けている影響で、働きたくても仕事に就けない人（完全失業者）の数はなかなか減っていないの。

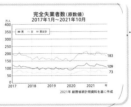

答えはひとつじゃないよ！自分の意見を話して、みんなの意見を聞いて、新しい考え方を見つけよう！

考えてみよう＆やってみよう！

「試行錯誤し、失敗することは、最も学ぶ機会である」とも言われている。試行錯誤・失敗を通して学んだことを書いてみよう。

チャレンジを支える仕組みには、どのようなものがあるだろうか？調べてみよう。

自己責任論を超え、お互いに力を持ち寄り、チャレンジを支え合う風土は、社会になにをもたらすだろうか？議論を深めてみよう。

明るい未来を描けるように、
新しいチャンスを
みんなに与えてほしいわ。

この課題をさらに深く
考えるためのヒント

この問題や取り組みについてもっと知るには

39

この課題に関するくわしい
情報が掲載されている
ウェブサイト

第4章 SDGsの達成に挑む企業に突撃インタビュー P93-P138

企業の仕事内容や商品、その企業ならではの考え方を紹介するよ。

企業名

企業の基本情報

水と生きる SUNTORY

WELCOME | サントリーホールディングスからの取材招待状

ずっと水と生きていけますように！飲み物をみんなにお届けする会社として、きれいで安全な水を生みだす豊かな自然を守っているよ。

サステナビリティ経営推進本部 市田 智之さん

え？どうして、飲み物をつくる会社が自然を守っているの？自然を守るってどんなことをしてるんだろう。

私たちサントリーは、みんなも見たことがあるかもしれない飲み物などをつくっている会社だよ。私たちがつくる商品に欠かせない良質な水は、実は森から生まれるんだ。だから私たちは、かけがえのない自然の恵みを100年先まで引き継ぐために豊かな森を育み、自然環境を守る「天然水の森」活動をしているんだ。

Q サントリーホールディングスさんのSDGsアクションは？

活動に関係するSDGs

きれいで安全な水をつくり出す豊かな森を守り、未来へと伝えていく

蛇口をひねると出てくる水も、もとをたどれば森から生まれるんだ。だけど、きれいで安全な水がすぐに手に入る国は世界でも数えるほど。そんな貴重な水を育む「天然水の森」では、さまざまな分野の専門家や地域の方々と協力して、それぞれの森に合った整備をしているよ。いまでは、全国21か所に広がり、国内の工場でくみ上げる量の2倍以上の地下水を生み出しているんだ。

水の調査

未来を生きるみんなに、水や森の大切さを伝える授業「水育」も国内外でやっているよ。

取材の感想

きれいな水が使えるのは、当たり前じゃないんだね。森を守っていけば、水を育むだけじゃなくて、土砂災害や洪水も起きにくくなるし、環境のものさしといわれている野鳥や、動物のすみかを保つこともできるんだって！自然と人間、生物がバランスよく暮らせる未来になるといいな。もっと水を大切に使わなきゃ！

129

取り組んでいるSDGsの活動

それぞれの企業が、自分の得意分野を活かして、どんな社会課題に取り組んでいるのか見てみよう！

第1章

SDGs・ダイバーシティについて知ろう

「SDGs」ってなんだろう？

Sustainable	Development	Goals
持続可能な	開発	目標

SDGsは「Sustainable Development Goals（持続可能な開発目標）」を略した言葉です。これは世界共通の言葉で、2030年の世界をより良いものにすることを目的に生まれたプロジェクトです。地球上にある豊かな自然や資源を未来に残し、誰（だれ）一人取り残すことなく幸せに暮らせる世界をつくるために、世界各国の人たちが取り組んでいます。

ダイバーシティについて勉強する前に、まずはSDGsについておさらいだ！

SDGsの主人公は、2030年を生きる君たちだ！

SDGsが目指すのは、2030年のより良い未来。ということは、2030年の社会を担っているみんなが取り組むべき目標なのです。10年後、豊かな社会を実現し、さらにその先の未来へバトンを渡すためにも、いまからみんなでSDGsを学び、身近なところから地球のためになる小さな一歩を踏み出そう！

「持続可能な開発」ってどういうこと？

いまある問題を抱えたままだと、明るく楽しい未来はやってこないということだね！

1987年に「環境と開発に関する世界委員会」が発表した内容では、「将来の世代のニーズを満たす能力を損なうことなく、今日の世代のニーズを満たすような開発」と説明しています。そして、環境、経済、社会・文化という3つの領域において、将来に向けて開発を進めていくことが重要だと位置づけています。なぜなら、現在の私たちの生活と同じくらい豊かな生活を、次世代の人々も同様に送ることができる権利があるからです。「自分さえ良ければ、いまさえ良ければそれでいい」という考えはいけません。この地球の中で、いまの時代を生きる人々の間にある格差や差別をなくし、すべての人が豊かな暮らしを送ることができる社会を実現しつつ、未来の世界を生きる人々が幸せな暮らしを送るための準備もしなければならないのです。

SDGsってどうして生まれたの？

この世にひとつしかない地球を未来へ

人類はここ100年の間に急速に発展をとげました。そのおかげで世界各地では便利な生活を送ることができています。その一方で地球温暖化や、森林や石油や魚といった資源の減少が進んでいます。さらに今日では、社会全体がVUCA（変動性、不確実性、複雑性、曖昧性）の特徴を有しており、既存の枠組みでは、十分対応できません。地球はひとつしかありません。人間やそれ以外の生き物も快適に暮らせる地球を未来に残すべく、みんなで行動するための“目標”としてSDGsが生まれたのです。

SDGsは2010年代に世界が直面することになった
新しい課題から生まれたんだ

誰一人取り残さない世界をつくる

SDGsの取り組みには、人を守るための目標もたくさんあります。SDGsは2000年開催の国連サミットで生まれた「MDGs（ミレニアム開発目標）」からの思いを引き継ぎ、飢餓や性別・人種差別、教育格差、気候変動、生物多様性の喪失といった世界の課題を解決することを目指しています。大きな国でも、小さな国でも、地球上に生きるすべての人が幸せな生活を実現できる社会づくりをSDGsは後押ししていきます。

みんなで協力して取り組もう！

SDGsは地球に住むすべての人が取り組むべき目標です。その取り組み方は無限大！ 一人ひとりが目標を持って身近なことから変えていったり、友だちと一緒に行動を起こしたり。企業や自治体、NPO／NGOなどでは協力し合いながら、大きな課題に取り組んでいます。さまざまな人たちが力を持ち寄り、協力して課題解決に取り組むことで、未来は確実に変わっていくのです。こうした「協働」の考え方は大きな動きとなり、着実にSDGsは世界中に広まっています。

人間社会の「エコシステム」と、
多様な個人や組織の力を
持ち寄る「協働」が大事なんだ！

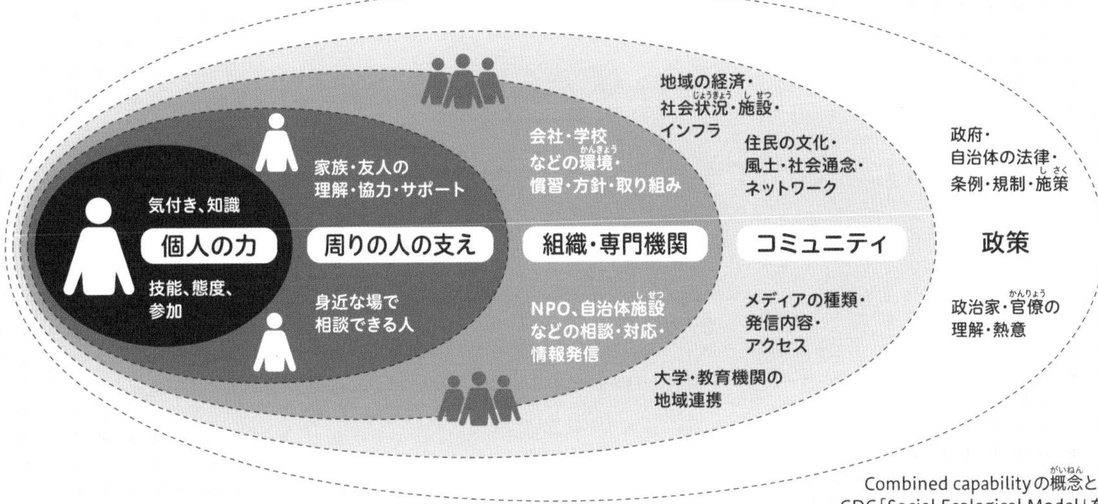

Combined capabilityの概念と、
CDC「Social Ecological Model」を
組み合わせ、佐藤真久ら（2018）作成

次のページでは、SDGsの「17の目標」を紹介します。「17の目標」にはそれぞれ細かくターゲットが設定されており、その数はなんと169個！誰一人取り残さない世界をつくるためにも、さまざまな課題を解決する必要があります。

国連による
「17の目標」解説は
こちら

SDGsは地球の
未来を考える、
世界共通の
取り組みなんだね！

より良い世界をつくるための、SDGs「17の目標」

世界には少ないお金で生活している人がたくさんいます。十分な食事や教育、医療サービスを受けることができる社会づくりが必要です。

世界ではたくさんの子どもが栄養不良に苦しんでいます。また、世界の人口は増加しており、世界中の人々が食べ続けられる食料を確保しなければなりません。

子どもから高齢者まで、すべての人が健康的な生活を送るための医療施設・サービスを世界中に広めていく必要があります。

地球温暖化につながるCO_2を増やさず、持続可能な電力を確保するために、太陽光や風力などの再生可能エネルギーを普及させる必要があります。

人々の幸せな生活やお金を稼ぐための仕事を保つためには、持続的に経済を成長させるための施策を打ち続けなければなりません。

道路やインターネット、電力などの現代の生活に必要なインフラを世界中に普及させるとともに、新たなインフラ技術の開発が進んでいます。

地球温暖化や海面上昇などの気候変動は地球規模の問題です。地球に暮らすすべての人が、気候変動を抑えるための行動を起こす必要があります。

みんなの食卓に並ぶ魚や貝は、海が育む資源です。未来に海洋資源を受け継ぐためには、豊かな海を守る取り組みを広めなければなりません。

世界中にある森林は徐々に減少していますが、生物の多様性や貴重な天然資源を守るために、さまざまな森林保全対策が進められています。

より良い世界とはどのようなものなのでしょうか。みんなが理想の世界をつくるために、国連は2015年から2030年で達成すべき17の持続可能な開発目標（SDGs）を定めました。

学校に通うことができない子どもの数は現在約3億300万人。発展途上国を中心に学校の建設や先生の育成などが進められています。

現代社会における女性は差別や暴力に苦しんでいます。そのため、性別に関わらず誰もがいきいきと働いたり勉強したりできる社会づくりが求められます。

水不足や水質汚染による病気を解消するために、すべての人がきれいで安全な水を確保する取り組みが広まっています。

先進国と発展途上国、富裕層と貧困層の間には、収入や生活環境などにおいて大きな格差があり、平等に幸せになれる社会づくりが求められています。

現代社会では都市部に人口が集中し、人口が増え続けています。環境を守りつつ、充実したインフラをすべての人に提供する仕組みづくりが必要です。

限られた資源を未来に残すためには、資源を無駄なく有効活用してものをつくり、使う人も、ものを大切に使い続けるための意識を持つことが大切です。

世界の平和を乱す暴力や人身売買は大きな問題になっています。発展途上国を中心に、個人の権利保護や犯罪抑制に向けた取り組みが求められています。

地球規模の課題を解決し、持続可能な社会をつくるためには、国・企業・地域レベルで協力し合い行動することが重要です。

SDGs博士と一緒に17の目標を学べる動画がここから見られるよ！

「17の目標」がつながり合うことで、課題はどんどん解決していく

17の目標はそれぞれが関わり合いながら、課題の解決に向かって進んでいきます。つまり、ひとつの目標に取り組むと、自然とほかの課題解決にも役立つということ。この働きにより、より良い世界を実現することができるのです。

SDGsは世界を
良くするための
「入り口」や
「架け橋」に
なるんだね！

テーマの統合性

17の目標は、それぞれ内容が異なっているように見えますが、そうとは限りません。目標の中には、ほかの目標と共通する課題を持つものもあります。関連する目標どうしはお互いに関わり合いながら、理想とする社会を実現していくのです。

健康的な生活を送り、心身ともに成長できる。

女性も男性も自由に職業を選択できる社会になる。

複数の課題が解決され、
ひとつの理想が実現する。
幸せな社会づくりは
とてもすごいことなんだ！

10 人や国の不平等をなくそう

みんなが夢の実現につながる勉強ができる。

国籍や立場、属性、思考に関係なく、幸せな生き方を選べる。

同時解決性

自然や社会のためになる活動に取り組んだ場合、複数の目標を同時に解決することができます。なぜなら、17の目標にある課題は関連し合っているからです。ひとつの活動でいくつもの課題を同時解決できる、まさに一石二鳥の特徴があるのです。

みんなが取り組む
自然のための活動は、
より良い地球をつくる
ための大きなスタートに
なっているよ。
15 陸の豊かさも守ろう
13 気候変動に具体的な対策を
17の目標が掲げる課題が複数解決する
ことで、人間だけでなくあらゆる
生物にとって幸せな地球になるんだ。

パートナーシップ

17の目標に取り組むのは、世界各国の政府や大企業だと思っていませんか？ 多くの人々が社会に参加し、立場が異なる人たちが協力し合いながら、それぞれができるアクションを起こすことで課題は解決できます。SDGsを合言葉にみんなで課題解決に取り組みましょう。

現状
未来
政府
14 海の豊かさを守ろう
NPO／NGOや地域住民、子どもたち
企業
大きな取り組みや小さな取り組み、
さまざまなアクションが地球規模の
課題解決につながっているんだね！

すべての人が幸せに暮らすための“心構え”
「ダイバーシティ」ってなんだろう？

ダイバーシティについて

「ダイバーシティ」は日本語にすると「多様性」になり、色んな種類や性質があることを意味します。ダイバーシティを私たちが生活する人間社会を当てはめると、性別・性自認・性的指向・国籍・年齢・人種・民族などの“属性”や、趣味嗜好・宗教・ライフスタイルなどの“思考”について、みんなそれぞれ異なる、ということになります。これはSDGsに通じる考え方で、「17の目標」では「5.ジェンダー平等を実現しよう」「10.人や国の不平等をなくそう」などと深く関わっています。

ダイバーシティの取り組みについて教えて！

色んな人たちが快適に暮らせる社会をつくるため、世界中ではいま、さまざまなダイバーシティ・アクションが行われています。ニュースにも取り上げられた、人種差別に抗議する「ブラック・ライブズ・マター（BLM）」や、女性の就労や教育の権利を尊重するアフガニスタンの取り組みも、ダイバーシティ社会の実現に向けたものです。私たちに身近なところでは、周囲の人たちに外見からはわからない手助けや配慮を必要としていることを知らせる「ヘルプマーク」や、飲食店のメニュー説明を色んな外国語で表記する「多言語対応メニュー」があります。

世界各地で
ダイバーシティを実現させ
ようとする取り組みが
生まれているんだね。

なぜダイバーシティは生まれたの？

ダイバーシティが生まれた背景には、長らく社会に差別や偏見による不平等が蔓延していた歴史があります。代表例としては、「白人は知的労働に向いている、黒人は肉体労働に向いている」、「男性は働くもの、女性は家事をするもの」などです。世界各国が経済成長により豊かになる一方で、そうした“決めつけ”や“思い込み”により、やりたい仕事ができなかったり傷ついたりする人がたくさんいたのです。そのような“多くの人が苦しむ社会”を変えるべく、世界各国では法の整備や改正が進み、日本では1999年に「男女共同参画社会基本法」が施行されるなど、すべての人が幸せになれる社会に向けて少しずつ前進してきました。

ダイバーシティ社会の実現を目指して

ダイバーシティ社会の実現に向けて、法や社会制度の整備が進んでいますが、最も大事なのは“一人ひとりの考え方”です。自分自身の個性を理解するだけでなく、それぞれの違いを認め合うことで、はじめて「色んな人が活き、活かされる社会」、「自分らしく生きられる社会」はかたちになるのです。

ダイバーシティは、
みんなの生き方に関わる
大事な考え方なんだ。
SDGsと同じように
”自分ごと”として捉えよう！

日本が抱えているこれから解決すべき課題たち

01 やり直しづらい日本社会

人生の選択に失敗するとやり直しがききにくい社会構造です。

02 先進国なのに高い相対的貧困率

日本では6人に1人の人が貧困で苦しんでいます。

03 日本でも起きている食料問題

食料自給率が低い日本では、今後食料が不足する可能性があります。

07 膨れ上がる社会保障費

お金が不足し、安定した医療・介護サービスを受けられない可能性があります。

08 安心して出産し子育てできない社会

出産や育児に関する制度・施設などが不足しています。

09 希薄化・孤独化するコミュニティ

同じ地域に住んでいる人同士の関わり合いが少なくなっています。

13 日本は真のスポーツ大国になれるか

体力や健康づくりにもつながるスポーツに取り組む人が減っています。

14 世界が注目する水資源問題

これからも生活やものづくりに必要な水を確保しなければなりません。

15 持続可能なエネルギーの実現と普及

化石燃料に依存し続けるままだと、将来的にエネルギーが不足します。

19 伝統文化・技術をどう継承するか

祭りや工芸品などの伝統が、後継者不足などにより途絶えてしまいます。

20 日本中に眠る未利用資源

木材やリサイクルごみなどの身近な資源がうまく活用されていません。

21 老朽化が進むインフラ

橋やトンネルなどの生活に不可欠なインフラの老朽化が進んでいます。

「SDGsのような大きな問題が自分に関係あるの？」と感じる人もいるかもしれません。ここからはいま日本が直面している課題を見ていきます。食や仕事などの日常的な生活に関わることから、教育や気候変動など日本の将来を左右するテーマまで、たくさんの課題が山積みになっています。SDGsとの関連は第2章で紹介していきます。

イラスト・資料提供：認定NPO法人ETIC.

04 日本が一歩先ゆく
超高齢化社会

日本は世界一の高齢化先進国であり、今後も高齢化は進んでいきます。

05 チャンスに変わるか？
人口減少

社会で活躍する人口が減ることで、国の成長が止まる恐れがあります。

06 マイノリティの
人々の幸せ向上

LGBTQ+や障がい者などが不便で肩身の狭い生活を送っています。

10 延ばしたい健康寿命

健康寿命と平均寿命の間に差があり、医療や介護のためのお金が増えています。

11 創造力を高める
教育の拡大

自由な発想で物事を考えるための教育が不十分です。

12 じわじわ広がる
教育格差

環境や収入によって受けることができる教育内容に差が生まれています。

16 出番を求める人々に
活躍の機会を

能力や個性を発揮できないまま働いている人がたくさんいます。

17 解放せよ
組織内リーダーシップ

リーダーシップがある人でも、組織のなかでなかなか力を発揮できません。

18 専門職が力を
発揮できない職場環境

プロとしての専門的な知識や技術を生かして働ける職場が少ない社会です。

22 自然災害大国日本

地震や台風についての経験を、未来の災害対策に生かす必要があります。

23 見直したい
ローカル経済

都会に比べて地域の元気がなくなっています。

24 復活できるか
水産王国日本

汚染や乱獲により魚や貝などの水産資源が減少しています。

25 止まらない気候変動

気温上昇などのいままでにない気候の変化への対策が不十分です。

26 非効率すぎる政治・行政

内部が見えにくい政治や行政のかたちに、国民は不信感を抱いています。

27 社会づくりに参加しやすく

選挙や寄付活動などの敷居が高く、気軽に参加できない状況です。

28 時代に合わせた幸せの模索と実現

幸せのかたちが多様化している中、昔ながらの価値観が根強く残っています。

29 くい止めたい不信と不和の連鎖

日本の内外で災害や争いで日々苦しんでいる人が多数います。

30 グローバルでつながる経済の課題

世界の持続的な成長に向けて、国同士が十分に協力できていません。

31 高ストレス型社会からの脱却

多くの人が勉強や仕事、友人関係などで悩みやストレスを抱えています。

ウェブサイトでくわしい内容が見られるよ！

日本だけでもこんなに課題があるなんて！

みんなの住んでいる地域に、ここにはない32番目の課題はあるかな？

第2章では私たちの身近な社会課題をクローズアップ！

31個ある社会課題の中から、みんなにも関係が深い16個の社会課題を選び、第2章でくわしく紹介します。日本にある課題を勉強しながら、みんなだったらどんな方法で課題を解決できるか考えてみよう。

第2章

身近な問題から考えよう

ダイバーシティについて学び始めた4人。けんたが、女性活躍をテーマにした「ダイバーシティ・オンラインイベント」を発見しました。「面白そうじゃん！参加してみようぜ」とアクセスすると…。

オンラインイベントには、すでに同世代の参加者がずらり！かずやが「ダイバーシティってこんなに注目されている分野なんだね」と感心したのも束の間、なにやらある男性参加者と女性参加者で議論がかみ合わない様子。それを見ていたけんたたちは、この先の進行が心配になってきました。

この場をまとめるにはどうすればいいか頭を悩ませるなか、ゆみが「あっ、SDGsメガネを使うのはどう！？」と提案。「その手があったか！」。けんたは部屋中を探し、引き出しからSDGsメガネを取り出します。

SDGsメガネをかけてそれぞれの参加者を見てみると、男性参加者からは「男性が人一倍働いて、大切なパートナーには安心して幸せな生活を送ってほしい！」、女性参加者からは「女性もいきいきと活躍して、周りの人だけじゃなく社会全体を前向きにしたい！」という心の声が聞こえてきます。

かずやが「みんな、一旦話を聞いてくれる？」とイベントを仕切り直します。続けて、ゆみが「2人の意見はそれぞれ違うけれど、『男性も女性もみんなが幸せな社会にしたい』という想いは一緒のはず。お互いの意見をまず認め合うことが必要なんじゃないかな」と言葉をなげかけます。

すると、SDGs博士が画面に登場。「素晴らしいぞ、ゆみさん！その考えはまさに『ダイバーシティ&インクルージョン』。多様な価値観や文化をもつ人々同士が、“お互いに尊重し合い、認め合う（インクルージョン）”ことこそ、ダイバーシティの実現に必要なんだ」。

「ゆみ、そんな考えを持っているなんてすごいな！」と感心するけんた。ゆみは照れながら「私、日本とタイの2つの国にルーツがあるでしょ。だから、日本人なのか、外国人なのか、自分でもよくわからなくなって、ふさぎ込んでしまうことがあったの。そのときに『みんなに私のことをちゃんと知ってほしい！みんなと分かり合いたい』って強く思っていたから…」と説明します。

それを聞いていたSDGs博士も「みんなと分かり合いたいっていう気持ちはとても大事。いじめや差別もお互(たが)いに理解し合えないことで起きるんだ。まずは、相手の個性や考えを知ろう、認めようと意識すること。『自分だけ、自分の仲間だけ良ければいい』ではだめなんだ」と伝え、けんたたちやほかの参加者はうなずきます。

その結果、議論がかみ合っていなかった参加者2人はお互(たが)いを尊重しあうことができました。「いま地球上にある課題に対しても、考え方は十人十色なんだろうね」とかずや。理解し合う・認め合うことの大切さと難しさを肌(はだ)で感じた4人は、これから出合うであろう課題をもっと多面的に見ていきたいと思うのでした。

失敗しても、人生をやり直せる仕組みをどうつくる？

NO!

え〜、一度でも失敗したらもう挑戦できないなんて冷たすぎるよ！

「またがんばろう！」と前向きになれる社会をつくろう！

たった一度の失敗で、いつもの暮らしとサヨナラ！？

どんな挑戦であっても、必ずしも「成功する」という保証はありません。むしろ数々の失敗から成功のヒントが見つかることもあります。ただ、日本は“再挑戦が難しい国”と言われています。例えば、経営する会社が倒産した場合に自己破産*や路上生活を選択すると、“自己責任”の名のもとに援助してもらえず、苦しい生活から抜け出せなくなることが多いのです。2019年の個人の自己破産件数は7万3,095件。路上で暮らす人々のうち、10年以上にわたり家と呼べる場所のない状態の人は30%を超えるというデータもあります。悲しいことに、住まいや仕事がないために犯罪に手を染めるなど、さらに失敗を重ねてしまう事例も少なくありません。誰もが失敗しても人生をやり直せる仕組みをつくるには、社会の仕組みそのものを変えていかなければなりません。

＊自己破産…借金を返済できる見込みがない場合に、裁判所の認可を得て返済を免除してもらうこと

このSDGsが深く関係しているよ

1. 貧困をなくそう

生活のためのお金が少なくなっても、安心して暮らせる社会づくりが必要です。

4. 質の高い教育をみんなに

誰もが自らの可能性を伸ばすことができる、学びの仕組みが求められています。

16. 平和と公正をすべての人に

暴力や犯罪の抑制、人権保護に向けた取り組みを広げなければなりません。

2020年に発生した新型コロナウイルスは、いまだに日本経済にダメージを与えているよ。経営の悪化などが原因で企業が倒産し続けている影響で、働きたくても仕事に就けない人（完全失業者）の数はなかなか減っていないの。

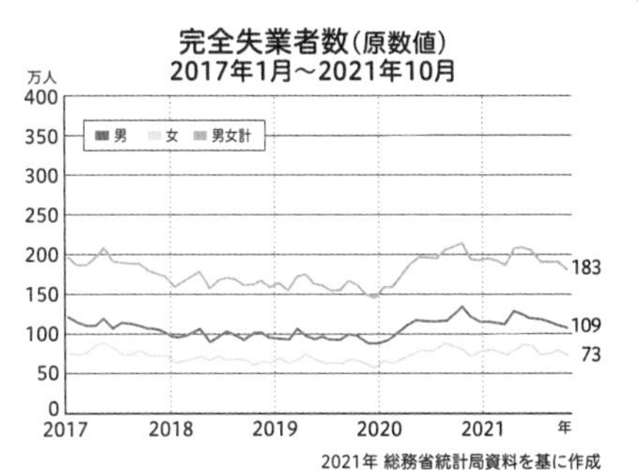

考えてみよう＆やってみよう！

「試行錯誤し、失敗することは、最も学ぶ機会である」とも言われている。試行錯誤・失敗を通して学んだことを書いてみよう。

チャレンジを支える仕組みには、どのようなものがあるだろうか？調べてみよう。

自己責任論を超え、お互いに力を持ち寄り、チャレンジを支え合う風土は、社会になにをもたらすだろうか？議論を深めてみよう。

明るい未来を描けるように、
新しいチャンスを
みんなに与えてほしいわ。

この問題や取り組みについてもっと知るには

食料自給率が低い日本、「食品ロス問題」も年々深刻に

SORRY...
HELP!
世界のちょっとした変化で、食料難になる可能性があるんだよ。
ほしい食べ物を買えるのが当たり前のことだと思ってた…。

外国からの輸入に頼(たよ)る日本だからこそ、食べ物への感謝は忘れずに

コンビニエンスストアやスーパーマーケットでいつでも食料品が買える日本において、食料不足は外国の問題だと思うかもしれません。しかし、日本の食料自給率*は先進国の中でも最低ランクの37%（2020年）で、なんと日本で買うことができる食料品の半分以上が外国からの輸入品。もしも外国で大きな災害や事故が発生すると、日本は食料不足になる可能性も。最近では新型コロナウイルスの影響(えいきょう)で外国から輸入できなくなった食料品もあります。さらに、「食品ロス」の問題も深刻です。日本における、まだ食べられるのに捨てられてしまう食品の量は年間約612万トン。世界人口が増え続けて地球規模での食料不足が懸念(けねん)されるいま、日本の食料問題を解決し、世界中のすべての人に必要な食品が行きわたる社会構造をつくる必要があります。

＊食料自給率…日本にある食べ物全体のうち、日本国内でつくられている割合を示す数字

このSDGsが深く関係しているよ

2 飢餓をゼロに

2020年は世界で最大8億1,100万人が飢餓に苦しんでいたと推定されています。

14 海の豊かさを守ろう

世界の漁業資源の30%が乱獲されていると言われ、今後魚が不足するかもしれません。

15 陸の豊かさを守ろう

世界の耕作地は減少し続け、全世界で1,200万ヘクタールもの農地が消失しています。

外国からの輸入に頼りがちな畜産物や油脂類の消費量が増えているから、日本の食料自給率は低下し続けているね。でも、SDGsと同じように2030年に向けた数値目標が設定されているんだ！オレたちに協力できることはあるのかな？

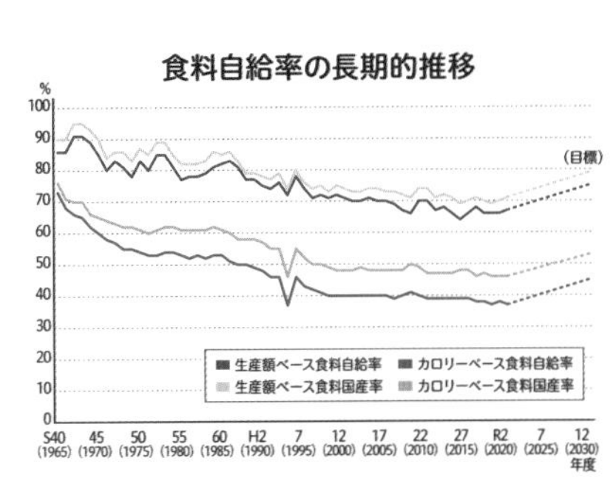

2020年 農林水産省資料を基に作成

考えてみよう＆やってみよう！

生産者さんに感謝して、料理は残さず食べるようにするわ！

国内外で、食料問題に取り組む事例が多く見られる。どのような取り組みがあるか調べてみよう。

食料の消費には、「消費を減らすこと(consume less)」と、「良い消費をすること(consume better)」がある。この2点から、食料消費について議論を深めてみよう。

食料問題の解決には、社会問題の解決と、自身のライフスタイルの変容が求められている。社会を変え、自身が変わることについて、議論を深めてみよう。

この問題や取り組みについてもっと知るには

人口減少はチャンス！？若者も高齢者も活躍できる社会へ

人口減少ってネガティブなことじゃないの？

技術やアイデア次第で、チャンスにひっくり返せるんだ！

みんなが自分らしく活躍できる、社会の新しい仕組みを考えよう

少子化が急速に進む日本では2008年をピークに人口が減少し続けており、2021年の総人口は1億2,530万人になりました。このまま人口減少が進んだ場合、2050年には1億人を下回ると予測されています。そこで考えなければならないのが、人口構成の変化による社会への影響です。少子化により高齢者の割合がさらに高くなると、国民の社会保障制度の負担が大きくなり、経済成長力の低下といった問題の深刻化は避けられません。ただ、人口減少がチャンスになる可能性も残されています。現在の教育、介護、経済などの仕組みを見直すとともに、最先端のテクノロジーを駆使して経済や労働の生産性を向上させ、さらに若者から高齢者まで多様な人材を活用することで、世代に関わらず誰もが自分らしく活躍できる社会を目指せるのです。

このSDGsが深く関係しているよ

4　質の高い教育をみんなに

一人ひとりが可能性を最大限発揮できる教育の仕組みが求められます。

8　働きがいも経済成長も

高齢(こうれい)化・人口減少のもとでも、経済成長を達成するための戦略が重要です。

10　人や国の不平等をなくそう

世代によって負担が大きく変わる不平等な社会構造は改善されねばなりません。

人口減少に歯止めをかけるためには、少子化の解消が必要だよ。日本の合計特殊(とくしゅ)出生率*は1.36（2019年）と、世界的に見ても低い水準なんだ。海外の取り組みも参考にしながら、出産や子育てがしやすい社会を実現しないとね。

*15～49歳(さい)までの女性の年齢(ねんれい)別出生率を合計したもの

合計特殊(とくしゅ)出生率の推移

日本　フランス　イタリア　イギリス　アメリカ　ドイツ　スウェーデン

4.00 3.50 3.00 2.50 2.00 1.50 1.00 0.50 0.00

1950 1955 1960 1965 1970 1975 1980 1985 1990 1995 2000 2005 2010 2015 2019年

2021年 内閣府資料を基に作成

考えてみよう＆やってみよう！

世界の人口増加が予測される今日において、日本の人口減少はなにを意味するだろうか？多角的にメリット、デメリットを考えてみよう。

近年、東京の人口減少が報告されている。その理由とこれからの展望について共有してみよう。

外国人受け入れ数が世界第4位の日本社会を踏(ふ)まえ、多様な人が活き、活かされる社会にしていくにはどうしたらいいだろうか？議論を深めてみよう。

オレたち一人ひとりの力で、人口減少に負けない元気な社会にしたいな！

この問題や取り組みについてもっと知るには

社会の中でダイバーシティを進めるキーマンってどんな人たち?

GOAL

なんとしても個性の違いを認め合える社会にしたいな!

差別や偏見のない社会は、みんなが活躍できる社会でもあるんだ。

色んな特徴や価値観を持った人たちも輝ける社会づくり

障がい者、外国人、LGBTQ＋など、社会の中でマイノリティと位置づけられる少数派(数が少ない)の人々は、マジョリティと呼ばれる多数派がつくる社会制度の中で、不自由さや生きづらさ、心の苦痛に直面することがあります。そのような状況を変えるため、世界中であらゆる人材を社会に迎え入れる「ダイバーシティ(多様性)」が注目されています。人種差別の根絶を訴える「ブラック・ライブズ・マター(BLM)」をはじめとした社会運動が展開され、2021年に開催された東京2020パラリンピックでは、世界各国のパラアスリートの活躍を見て、さまざまな個性を持つマイノリティの人たちを身近に感じた人も多いと思います。ダイバーシティの考え方が広がるいまこそ、すべての人々が持つ可能性を最大限に解き放てる社会づくりを考える絶好のチャンスにしていきましょう。

このSDGsが深く関係しているよ

3 すべての人に健康と福祉を

マイノリティの人々が生活の質（QOL）を得ることは基本的人権であると言えます。

5 ジェンダー平等を実現しよう

男女の格差をなくすことは、持続可能な社会成長を促すうえで欠かせません。

16 平和と公正をすべての人に

少数派の境遇を多数派が理解することで、平和と公正は実現されていくでしょう。

LGBTQ＋はさまざまなメディアで取り上げられているけど、個性によってはまだ認知度が低いのが現状なの。マイノリティで悩む人の気持ちに寄り添うためにも、まずはその人の個性について理解することから始めたいな。

それぞれの性の多様性について

(n=6,240)

	言葉も意味も知っている	聞いたことはあるが、意味は知らない	聞いたこともなく、意味も知らない
レズビアン	96.7	2.9	0.4
ゲイ	96.4	3.3	0.3
バイセクシュアル	87.8	10.3	1.9
トランスジェンダー・トランスセクシュアル	63.8	28.0	8.2
クエスチョニング	9.6	15.2	75.2
アセクシュアル・アロマンティック	5.7	13.0	81.4
エックスジェンダー	7.1	16.0	76.9
パンセクシュアル	6.5	12.4	81.1

2021年 電通資料を基に作成

考えてみよう＆やってみよう！

マイノリティ・マジョリティ関係なく、個性を大事にできる社会はどうしたらつくれるんだろう？

「平等」「公平」「公正」「正義」について、調べてみよう。

ダイバーシティ（多様性）とインクルージョン（社会的包摂）の推進は、社会になにをもたらすだろうか？議論を深めてみよう。

「マイノリティの幸せの向上」には、マジョリティ（多数派）の意識と行動の変容が求められる。
マジョリティが取り組む事例について調べてみよう。

この問題や取り組みについてもっと知るには

家族と一緒に住んでいても3人に1人が孤独を感じている！？

家族と一緒にいても孤独を感じるって、どう解消すればいいのかな？

同じ場所にいても「心」がつながり合っていないと寂しいよね。

辛いときや寂しいときに支え合える仲間や居場所が不足

新型コロナウイルスの感染拡大による影響で、若年層の2人に1人、既婚者やファミリーといった共同生活をしている人でも3人に1人が日常生活で孤独を感じており、家庭環境に関わらず、日本中で心のつながりが途切れかけていることがわかります。日本における「コミュニティの希薄化」は、先進国の中でも特に高い水準の「自殺率」との関連性もあり、以前から問題視されてきました。新型コロナウイルスの影響で、引き続き対面や接触をともなうコミュニケーションを減らすことが求められることから、孤独化がさらに進む可能性も否定できません。こうした状況下で孤独感を和らげて前向きに生活していくためにも、コミュニティ機能を時代の流れに合わせてつくり直し、すべての人が温かいつながりを実感できる社会へと進化させることが必要です。

このSDGsが深く関係しているよ

1 貧困をなくそう

さまざまな事情で生活が苦しくなったときも、安心して暮らせる環境が大切です。

3 すべての人に健康と福祉を

誰もが安定した医療などの支援を受けられ、健康に暮らせる仕組みが必要です。

11 住み続けられるまちづくりを

困ったときに支え合えるコミュニティが、安心できる暮らしには欠かせません。

みんなは新型コロナウイルスの感染対策として、対面で会うことを控えていると思うの。でも、対面での交流を減らしたことで、新型コロナウイルスの流行前と比べて孤独を感じている人は多いんだよ。孤独感を和らげるコミュニケーション方法はないのかな？

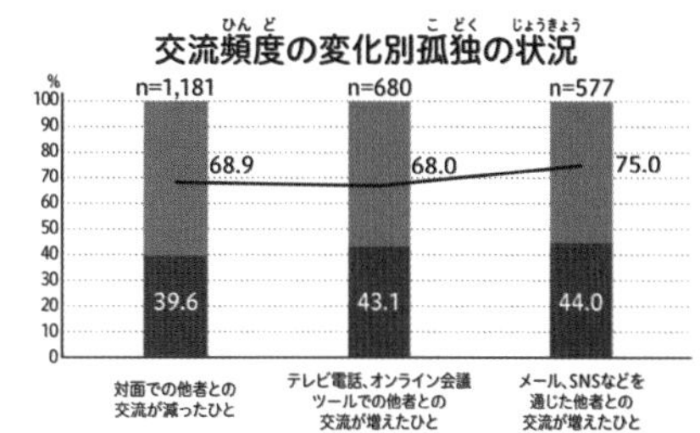

2021年 野村総合研究所資料を基に作成

考えてみよう＆やってみよう！

自身にとって心地良い「居場所」はどのような場所・環境だろうか。考えてみよう。

オンラインコミュニケーションの良さ、対面コミュニケーションの良さについて、議論を深めてみよう。

社会変動が大きい不確実な時代に、コミュニティの希薄化・孤独化がもたらす弊害にはどのようなものがあるだろうか？議論を深めてみよう。

この問題や取り組みについてもっと知るには

世界一の長寿国・日本でも寝たきりや介護状態の人が増えている!?

高齢者自身が健康に過ごすのは、社会全体にとってもうれしいことなんだ。

"健康で"長生きできるのが理想なのね。

高齢者がいきいき暮らせる社会は、子どもや現役世代も元気にする!

世界一の長寿国として知られる日本は、平均寿命が男性81.64歳、女性87.74歳(2020年)と、いずれも過去最高を更新。ただし、その背景には寝たきりや介護状態などの「不健康な期間」が延びていることが関わっており、自分の力で身体を動かして生活ができる「健康な期間」は、残念ながら他国と比べて長いとは言えません。「不健康な期間」が延びたことで、国民医療費は1988年の18兆円から2018年には43兆3,848億円に増加。膨らみ続ける医療費・介護費は保険料などで補う必要があり、そのため高齢化が進むほどに20歳から60歳を中心とした働く世代の負担が増えることが問題となっています。子どもや現役世代の幸せのために社会的負担を減らすと同時に、高齢者一人ひとりが健康で心豊かに毎日を過ごせる社会は、どうすれば実現できるでしょうか。

このSDGsが深く関係しているよ

3　すべての人に健康と福祉を

生活習慣病の予防など、一人ひとりが健康づくりに取り組むことが大切です。

8　働きがいも経済成長も

元気なお年寄りの活躍を推進することは、経済の成長にもつながります。

11　住み続けられるまちづくりを

お年寄りも若者も、孤立せずに助け合えるコミュニティのあり方が問われます。

2020年度の医療費は42兆2,000億円で、昨年度と比較して1兆4,000億円も減少したんだ！でも、その理由はコロナ禍で病院に行くのを控えた人が多いからなんだって…。やっぱり根本的な課題を解決しないといけないんだな。

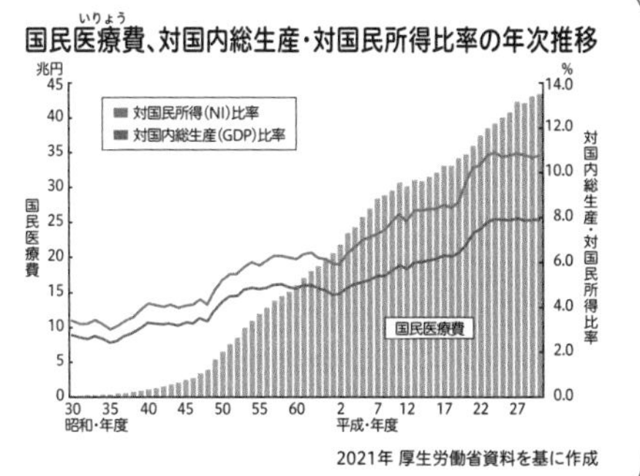

2021年 厚生労働省資料を基に作成

考えてみよう＆やってみよう！

医療費は若い世代にも関わることだから、真剣に考えないといけないね。

「未病*予防」の考え方とはどのようなものか？ その事例を調べてみよう。

健康寿命を延ばすために、いまからできることはなにか？ 環境、社会、経済、文化の側面からできる手立てを考えてみよう。

健康寿命は、医療制度の充実だけを意味していない。健康寿命を一層延ばすために、世代を超えて協働できることはなにか。家族や地域の人とも議論を深めてみよう。

＊発病には至らないものの、健康な状態から離れつつある状態

この問題や取り組みについてもっと知るには

蛇口をひねれば、安全で清潔な水が出る。これって「当たり前」のことではないの？

将来きれいな水が
飲めなくなる可能性が
あるってこと！？

水は生活するために
不可欠。だからこそ
みんなで解決しないとね。

世界で4人に1人が安全な水を使用できない状況にある

蛇口をひねれば水道水、スーパーマーケットに行けばミネラルウォーター。日本で暮らす私たちにとって、安全で清潔な水を飲めることは当たり前のことかもしれません。しかし、世界全体では約20億人が安全に管理された水を使えず、このうち1億2,200万人は、湖や河川、用水路などの未処理の地表水を使用しています（2020年時点）。不衛生な水を口にした結果、世界各地で下痢によって命を落としてしまう5歳未満児が後を絶たないという痛ましい事態も起きています。こうした水にまつわる問題は、日本にとっても他人事ではありません。増加し続ける世界人口や、地球温暖化による気候変動の影響で、これから日本が水不足に陥る可能性もあるのです。日本の技術力や産業の力を結集し、世界の水問題の解決に貢献できる方法はあるでしょうか。

このSDGsが深く関係しているよ

6	安全な水とトイレを世界中に	すべての人がきれいな水を使えることは、私たちが望む世界に欠かせません。

15	陸の豊かさも守ろう	気候変動で水不足を起こさないためにも、森林を守ることが重要です。

17	パートナーシップで目標を達成しよう	国を超(こ)えて協働して助け合える仕組みが、世界の幸せのために必要です。

水は飲むためだけのものじゃないよね。生活のいたるところで使われていて、水を一番使うのはお風呂(ふろ)なんだ。料理や水を飲むときだけではなくて、常に節水する意識を持って生活する必要があるんだ。

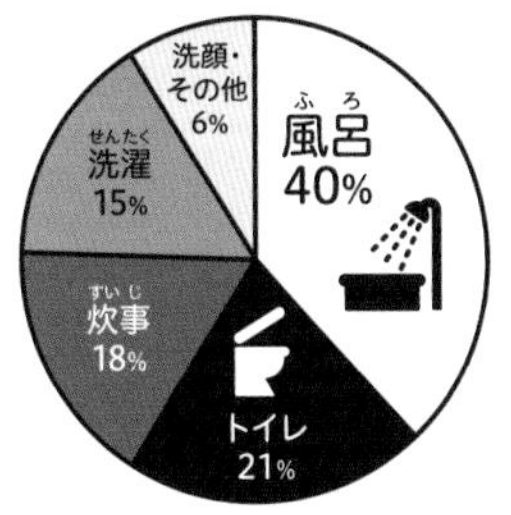

2015年 東京都水道局資料を基に作成

考えてみよう＆やってみよう！

水の使い方はもちろん、水不足につながる環境(かんきょう)問題も解決していかないとね！

「統合的水資源管理（IWRM）」とはなんだろうか？調べてみよう。

これから世界的に人口増加が予測される中で、水の量、水の質、水へのアクセスの視点において、どのようなことに配慮(はいりょ)をしていかなければならないのか、議論をしてみよう。

水道設備がない国や地域では、日々の水くみ、トイレの設置と利用形態・衛生環境(かんきょう)が、さまざまな社会問題を引き起こしている。調べて、共有してみよう。

この問題や取り組みについてもっと知るには

電気のある快適な生活と豊かな自然環境は両立できる？

エネルギーを使う生活と環境保全の両立って大変そう…。

環境負荷の少ない発電方法の普及がカギになるよ。

資源エネルギーの大半を輸入に頼る日本。安定的にエネルギーをつくるには？

日本は石油や石炭、天然ガスなどのエネルギー資源に乏しく、エネルギー自給率*はわずか11.8％。国際情勢によって資源エネルギーの輸入が制限された場合、安定的にエネルギー源を確保できない恐れがあります。さらに、日本では石油をはじめとした化石燃料に依存している現状も大きな問題です。化石燃料を用いた発電はCO_2が排出されるため、地球温暖化につながるだけでなく、環境破壊や紛争の原因にもなります。また、原子力発電は廃棄物処分の問題があり、環境への負荷が少ない太陽光や風力、バイオマスなどの再生可能エネルギーも、発電効率や供給量が課題となり、現時点では主要なエネルギーとは言えません。私たちの暮らしと地球の未来を両立するには、新しいエネルギー供給体制を構築する必要があります。

*エネルギー自給率…日常生活や企業活動に必要な一次エネルギーのうち、日本国内で確保できる割合を示す数字

このSDGsが深く関係しているよ

7　エネルギーをみんなに そしてクリーンに

持続可能なエネルギーは、生活や経済、そして地球の変革を図るための期待の存在です。

9　産業と技術革新の基盤をつくろう

将来にわたって、地球上にある課題を解決できる仕組みづくりが必要です。

12　つくる責任 つかう責任

限られた地域資源を、無駄なく有効活用する意識を持つことが大切です。

日本の温室効果ガス排出量は、先進国の中でも着実に削減できているんだ。つまり、化石燃料に頼らないクリーンなエネルギー供給体制が順調につくられているということだね。いつか環境にやさしい「日本モデル」が世界に広まるかもな～。

主要先進国の温室効果ガス排出量の推移

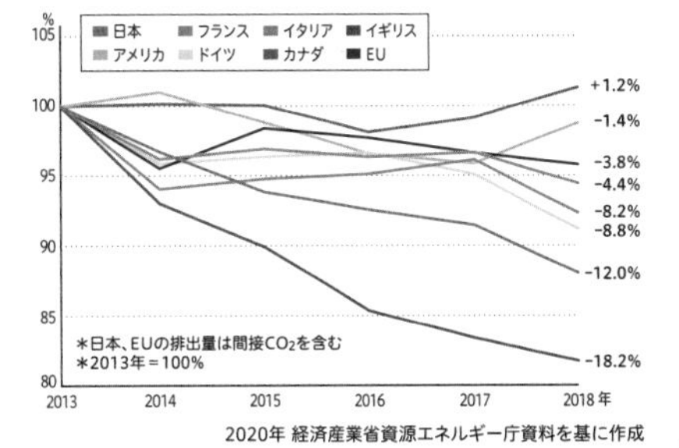

2020年 経済産業省資源エネルギー庁資料を基に作成

考えてみよう＆やってみよう！

どんなエネルギーがあるのかもっと勉強してみたいな。

これからの社会のためにどのようなエネルギー源を選択した、もしくは選択したいか。また、その理由を考えてみよう。

低炭素社会と脱炭素社会の違いについて、議論を深めてみよう。

自然エネルギー・再生可能エネルギーについて調べ、各エネルギーの生産と供給、消費に関するメリット・デメリットについて、議論を深めてみよう。

この問題や取り組みについてもっと知るには

誰もがあきらめることなく、いきいきと働くことができる社会とは？

夢や目標が
叶わない人もいる
なんて悲しいな。
趣味だけでなく仕事にも
生きがいを感じられる
社会がいいよね。

新型コロナウイルスによる雇用の苦境を乗り越えて、チャンスを掴める社会へ

日本には障がいや生まれ育った環境などのさまざまな事情により、活躍できる場所がなく、社会とのつながりを模索している人々がたくさんいます。それを象徴するのが雇用状況の悪化で、2020年度の平均の完全失業率は2.8%で、2009年度以来11年ぶりに上昇しました。完全失業者数は191万人（2020年）と前年から29万人も増加し、特に宿泊業や飲食サービス業の就業者が15か月連続で減少しているというデータもあり、新型コロナウイルス感染拡大の影響を受けていることがうかがえます。また、出産や介護などの都合で働くことをあきらめなければならない人も少なくありません。誰もが自らの目標や可能性をあきらめることなく、いきいきと活躍するためのチャンスを得られる社会づくりが求められます。

このSDGsが深く関係しているよ

5　ジェンダー平等を実現しよう

性別による格差を生まないことは、持続可能な世界に必要な基盤でもあります。

8　働きがいも経済成長も

これからの経済にとって、質の高い雇用の創出が大きな課題となるでしょう。

16　平和と公正をすべての人に

居場所がない状況でも、誰もが法や制度で守られる社会づくりが必要です。

働いている女性が妊娠や出産のタイミングで仕事を辞める理由は、子育てと仕事の両立が難しいからなんだって。妊娠や出産はうれしいことのはずなのに、仕事をあきらめないといけないなんてつらいよね。そんな社会は早く変えなくちゃ！

第1子の妊娠・出産を機に仕事を辞めた理由

（子どもがいる25～44歳の既婚女性：複数回答）

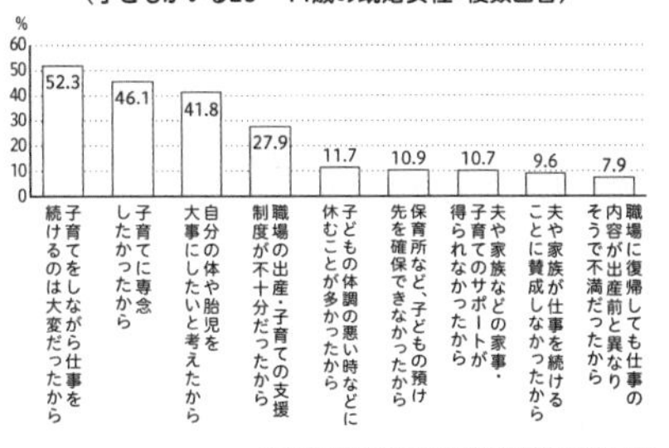

2018年 内閣府男女共同参画局資料を基に作成

考えてみよう＆やってみよう！

オレも得意なことや好きなことを活かして社会で活躍したい！

自身はどのような状況や場面で活躍をしたいと思っているだろうか？考えてみよう。

「ジョハリの窓」について調べ、自己分析を行い、みんなで議論をしてみよう。

「仕事の中の生活」、「生活の中の仕事」、「仕事と生活のバランス」、「仕事と生活の統合」について議論を深め、自分はどうありたいか考えてみよう。

この問題や取り組みについてもっと知るには

一人ひとりが力を発揮できる組織のあり方とは？

若い世代でも社会のリーダーになれるってこと？

常識にとらわれない考え方を活かして活躍できるかもね。

企業は「ピラミッド型組織」から「21世紀型組織」へ

日本の企業ではグローバル化が進み、多様な価値観を持つ人材が集まるようになったことにより、ひとつの考え方を押し付けて組織を統一する方法ではうまく機能しなくなりました。そこで、いままでの「ピラミッド型組織」と呼ばれるリーダーの一方的な指示に従って仕事を行うかたちから、「21世紀型組織」への進化が求められています。21世紀型組織とは、一人ひとりが互いに結びつきながら、状況に応じて柔軟にかたちを変えていく組織のこと。これからの時代は、年齢や立場などの属性や思考にとらわれることなく、一人ひとりがリーダーシップを発揮して、革新的なアイデアやサービスを生み出せる環境こそ、企業が成長していくカギになるでしょう。

このSDGsが深く関係しているよ

5　ジェンダー平等を実現しよう

性別に関わらずリーダーシップを発揮できる環境が組織づくりに必要です。

8　働きがいも経済成長も

一人ひとりが働きがいを感じられる組織づくりが、経済成長に貢献します。

9　産業と技術革新の基盤をつくろう

新しい技術やアイデアが生まれることは、持続可能な社会につながります。

“リーダーシップ”と聞くと「チームを引っ張っていく力強さ」をイメージするけど、最近では多様な人材の活用やプライベートへの配慮など「ダイバーシティを実現する視野の広さ」が求められているんだって！

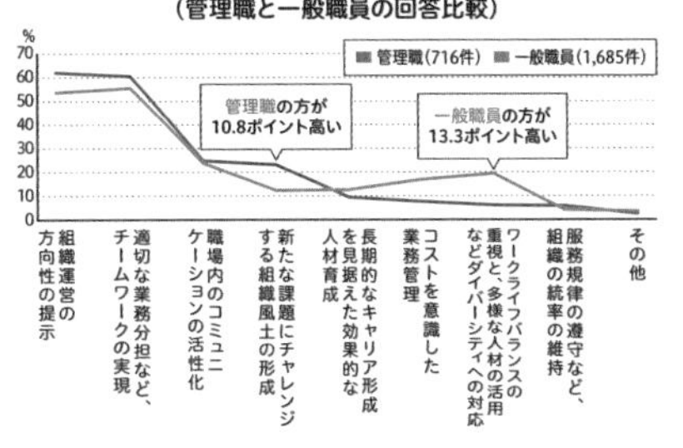

2017年 内閣官房内閣人事局資料を基に作成

考えてみよう＆やってみよう！

私もダイバーシティのあるチームのリーダーとして輝きたいな〜。

これからの社会、どのようなリーダー像が求められているのだろうか？考えてみよう。

さまざまな状況下でリーダーとフォロワーの立場が変わる。いろいろな事例を共有してみよう。

多様な人が多様な機会でリーダーになると、どのようなことが組織内で起きるだろうか？議論してみよう。

この問題や取り組みについてもっと知るには

専門職が力を
発揮できない職場環境
専

専門的なスキルを持った人たちが大好きな仕事をあきらめている!?

社会のためになる能力があるなら活躍できるんじゃないの！？

貴重な人材が力を十分に発揮できる環境が大事なんだ。

専門性を身につけても、社会の中に埋もれてしまいがちな日本

仕事をするうえで専門性を必要とする、いわゆる「専門職人材」の担い手不足が続いています。特に介護士・看護士などの心と身体のケアを行う人材は、高齢化が進む日本において大事な役割を担っているにも関わらず、働く環境や労働時間、給与などの待遇が改善されないために、ほかの仕事に転職してしまう動きが顕著になっています。保育施設においても同様で、新型コロナウイルスの影響による業務負担の増加が重なり、人手不足はより深刻化している状況です。エンジニアなどの人材も、さまざまな業務を担当する総合職での採用が多い日本の企業ではなく、専門的なスキルが重視される海外の企業に活躍の場を求める傾向が強まっています。専門職人材がスキルや潜在能力を発揮できる社会づくりには、どのような改革が必要でしょうか。

このSDGsが深く関係しているよ

8　働きがいも経済成長も　専門職人材がいきいきと働ける環境づくりは、経済成長にもつながります。

9　産業と技術革新の基盤をつくろう　イノベーションを生み出すには、専門職人材の活躍が欠かせません。

10　人や国の不平等をなくそう　個人の職業によって、収入や生活環境の大きな格差が生まれない社会が求められます。

新型コロナウイルスに最前線で立ち向かっているのが看護師の皆さん。でも、コロナ禍で就職した新人看護師は実習を十分に受けることができず、中には心配を抱えて勤務している人も…。しっかりとスキルを磨ける体制づくりも重要ということだね。

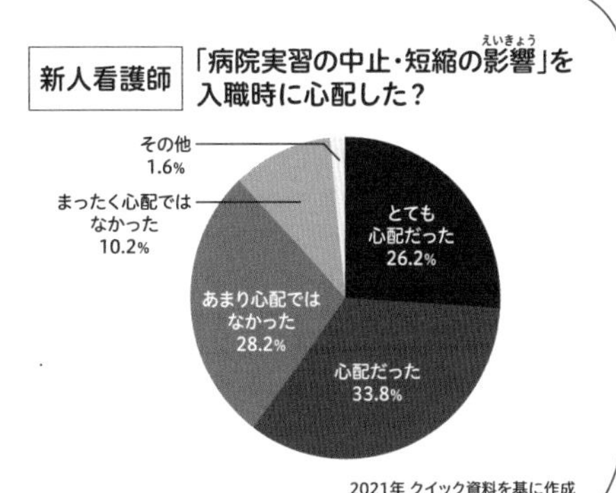

2021年 クイック資料を基に作成

考えてみよう＆やってみよう！

スペシャリストが力を発揮して、みんなで困難を乗り越えていきたいね！

これからの日本社会において、年功序列、縦割り文化、固定的な役割分業がもたらす正と負の影響について考えてみよう。

専門職は資格の有無に関わらず、その人の適性を活かした仕事の仕方、社会への関わり方を意味する。自身のやりたいことと、社会が求めていることをつなげるためには、どのような取り組みが必要だろうか？考えてみよう。

これからの社会では、専門的知見を超えた、分野横断的な視座・視点を有している人が必要とされている。それはなぜか、議論を深めてみよう。

この問題や取り組みについてもっと知るには

材木、建築物、空きスペース…日本は「未利用資源」がいっぱい！

考え方次第で資源に位置づけられるものはたくさんあるんだよ。

そっか、人口が減少しているからこそ「人材」も貴重な資源なんだ！

日本の成長に必要な未利用資源を活用するためのアイデアが求められている

エネルギーや食料の多くを海外からの輸入に頼っている日本ですが、実は身近なところに利用されていない魅力的な資源が豊富にある、恵まれた国でもあります。例えば、国土のおよそ3分の2を占める森林には、たくさんの木々が未活用のまま眠っており、材木やバイオマスエネルギーの原料として活用できる可能性に満ちています。また、2018年時点で全国に848万戸ある空き家や廃校などの建築物、さらにはスキルや経験や意欲があっても家庭や個人の事情により働くことができない主婦やシニア人材なども、貴重な未利用資源と言えるかもしれません。人口が減少し続ける日本だからこそ、経済を成長させるためにも国内に眠る未利用資源の価値をあらためて見直し、その価値を十分に活用するアイデアがいま求められています。

このSDGsが深く関係しているよ

7　エネルギーをみんなに そしてクリーンに

再生可能なエネルギーとして未利用資源を活用できる可能性があります。

8　働きがいも 経済成長も

女性やお年寄りなどの活躍を推進すると、経済の成長にもつながります。

9　産業と技術革新の 基盤をつくろう

未利用資源を活用することで、新たなインフラ技術の開発が進んでいきます。

森林を保全するための間伐で生まれる未利用間伐材は、木質バイオマス発電などの燃料として活用されていて、その量は年々増加中！世の中が間伐材を重要な資源と認識して、バイオマスエネルギーとして有効活用している証だね！

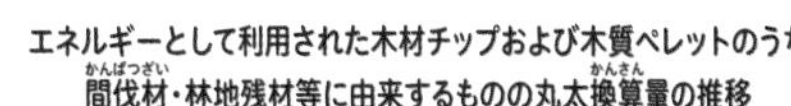

エネルギーとして利用された木材チップおよび木質ペレットのうち
間伐材・林地残材等に由来するものの丸太換算量の推移

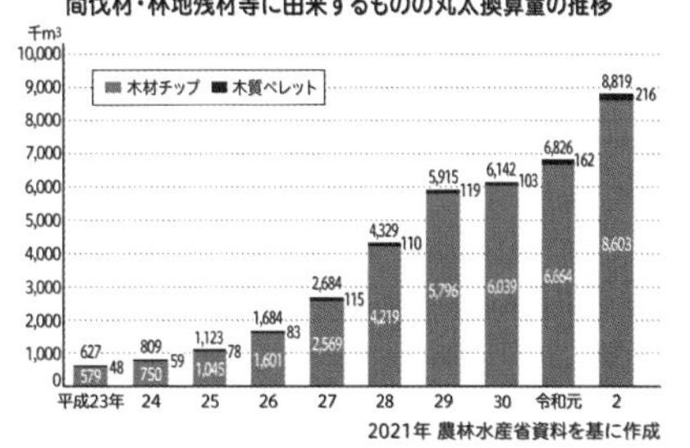

2021年 農林水産省資料を基に作成

考えてみよう＆やってみよう！

未利用資源を活用した事例について調べてみよう。

「人は資源であり（人的資源）、資本でもある（人的資本）」と言われている。人的資源と人的資本の違いについて調べてみよう。

過去の知見や在来知*が現代社会で活かされることもある。サステナビリティに活かす温故知新*について議論を深めてみよう。

捨てられている
魚の部位も、資源として
有効活用できないかな？

＊在来知…地域に固有の自然環境に根差した、長く伝わる文化、社会、経済、技術、暮らし方
＊温故知新… 古いこと、昔のことを研究して、そこから新たな知識を得ること

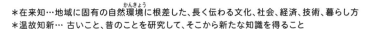

この問題や取り組みについてもっと知るには

土砂崩れや河川氾濫…これも気候変動の影響って知ってた？

世界中の研究者が気候変動対策に乗り出しているのね。

環境に負荷をかけない一人ひとりの行いも大事なんだよ。

災害を引き起こす気候変動に、最先端の研究・テクノロジーで挑む

世界規模での人口増加や経済発展にともない、私たちはCO_2の排出や森林伐採などを通じて環境に大きな負荷を与えてきました。その影響は、身近な気候の変化としてあらわれ、台風や大雨、猛暑、干ばつなど、各地で気候変動による災害や事故が起きています。これらの発生には、地球気温の上昇が要因のひとつとして考えられており、日本では100年あたり1.19℃という、世界平均よりも早いペースで気温が上昇しています。温暖化と気候変動が進行するいま、持続可能かつ安全に暮らせる社会を実現するためには、最先端の研究成果・テクノロジーによる国単位の温暖化対策が不可欠です。2021年のノーベル物理学賞で地球温暖化の予測モデルが世界の注目を集めたように、世界中の科学者や起業家の挑戦が、気候変動の緩和・抑止につながる可能性は大いにあります。

このSDGsが深く関係しているよ

	7	エネルギーをみんなに そしてクリーンに	石油や天然ガスのエネルギー利用は 温室効果ガスを排出し、温暖化に拍車をかけます。
	12	つくる責任 つかう責任	私たちの日々の生活そのものが、 気候変動にも影響を与えています。
	13	気候変動に 具体的な対策を	地球温暖化への影響を減らせるよう、 生活のあり方を見直していかねばなりません。

日本のみかん栽培地は中国・四国地方や九州地方が中心だけど、地球温暖化により、順調な生育に影響が出ると言われているの。ただでさえ食料自給率が低いのに、食べ物の生産に影響が出てきたら大変！

うんしゅうみかんの栽培適地予測

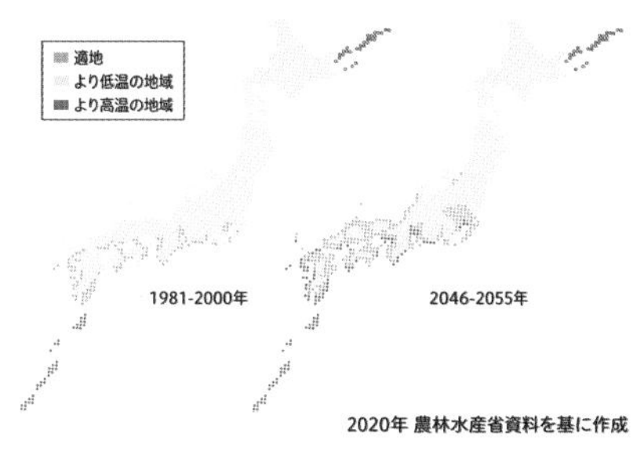

2020年 農林水産省資料を基に作成

考えてみよう＆やってみよう！

身近な生活にも関わる課題だからこそ、みんなで解決しなきゃ！

気候変動には、緩和対策と適応対策が求められている。日本ではどのような対策が求められているか調べてみよう。

2021年に、国連気候変動枠組条約第26回締約国会議（COP26）が、イギリスのグラスゴーで開催された。関連情報を集めて議論してみよう。

近年、「気候正義」という用語が使われている。この言葉の意味することについて、社会課題と関連づけて議論をしてみよう。

この問題や取り組みについてもっと知るには

選挙に参加する若者は3人に1人！？参加しやすい仕組みとは？

VOTE
未来をつくる
若い世代が積極的に
投票しないと！
ぼくたちも“社会を
つくる一員”としてしっかり
意思を伝えないとね。

理想の社会をつくるためには人任せではなく、自ら選挙に参加することが重要

選挙は、私たちにとって幸せに暮らせる社会をつくるための重要な手段であり、なおかつ私たち自身が政治に参加できる貴重な機会です。しかし、2019年7月の第25回参議院議員通常選挙の投票率は、わずか48.80%。国民の半数しか選挙を通じた社会づくりに参加していないという現状があります。中でも悩ましいのが、これからの未来を生きる若年層の投票率がひときわ低い水準という点です。同選挙の投票率は、10歳代が32.28%、20歳代が30.96%と、3人に1人しか投票していません。理想の社会は誰かから与えられるものではなく、私たち自身でつくるものです。政治参加の敷居を下げることや、寄付による支援を手軽に行うための制度づくりなど、国民一人ひとりが社会をつくる実感を得られるようにすることが必要です。

このSDGsが深く関係しているよ

5　ジェンダー平等を実現しよう

性別に関わらず、誰もが社会づくりに参加しやすい仕組みが求められます。

10　人や国の不平等をなくそう

世代間格差や貧富の差がなく、みんなが平等の権利を持つ社会であるべきです。

17　パートナーシップで目標を達成しよう

政府、一般企業、市民社会などの垣根を越えたパートナーシップが必要です。

全体的に投票率は下降ぎみだけど、みんなの関心が高い選挙では投票率が上がっているみたいだね。最近は選挙の立候補者がSNSを活用して若い世代とつながろうとしているし、オレも「どんな社会をつくりたいのか」を質問してみようかな？

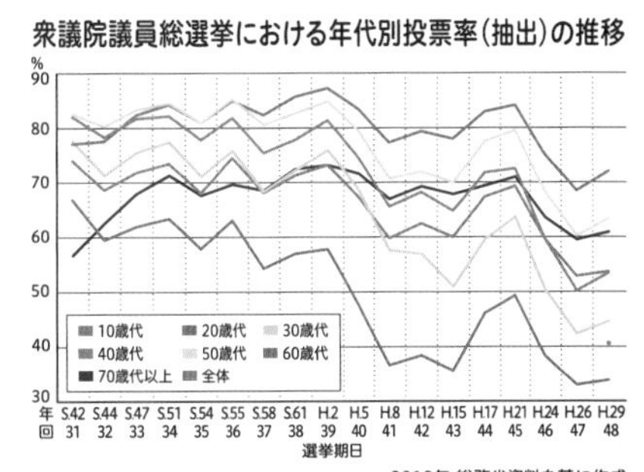

2019年 総務省資料を基に作成

考えてみよう＆やってみよう！

地域との接点のない生活をしている人たちが、地域を発見し、地域活動に参加をするためには、どのような場づくりが重要か考えてみよう。

「参加」と「参画」の違いについて議論をしてみよう。

社会づくりに参加しやすい仕組みをつくると、どのような変化・影響が出てくるだろうか？議論してみよう。

政治についてけんたたちと話したことないから、今度やってみようっと！

この問題や取り組みについてもっと知るには

時代に合わせた
幸せの模索と実現
幸

将来の夢や目標を持てない子どもが増えている!?

オレが考える幸せだけが正解じゃないってことだよね?

そのとおり!人それぞれの幸せを尊重することがダイバーシティなんだ。

幸せのかたちもダイバーシティ!自分らしい幸せを実現しよう

ダイバーシティとは性別や国籍などの属性だけではなく、「幸せ」に対する価値観にも当てはまります。人生における夢や目標、生きがいは人それぞれ。周りの人と違うのは普通のことです。誰もが自分にとっての「幸せのかたち」を追い求める権利があり、実現のためには自分の力で努力することが欠かせません。ただ、新型コロナウイルスの感染拡大は、子どもたちの将来の夢にも影響を与えており、2020年に実施された滋賀県教育委員会の調査では、「将来の夢や目標を持っている」と答えた小学6年生の割合が大幅に減少したというデータがあります。未来を生きる子どもたちが希望を抱いて成長していくためには、一人ひとりが時代の流れを読み解き、自分の生き方を切り開いていけるよう、社会全体で子どもたちの不安解消に努めなければなりません。

このSDGsが深く関係しているよ

4 質の高い教育をみんなに

誰もが自らの人生を切り開いていける、学びの場づくりが必要です。

5 ジェンダー平等を実現しよう

固定的な性別役割から自由になり、自分らしく生きることが、新しい時代の幸せです。

16 平和と公正をすべての人に

誰もが幸せを実現できる、平和で公正な社会づくりが求められます。

私たちと同世代の人たちの就きたい仕事を見てみると、動画配信やゲーム関連の仕事も人気なのね。女性も、料理人や医師といった“男性が多くなりがちな仕事”を目指している人が多くて、幸せのかたちが多様化しているのがわかるわ。こうした夢の実現を後押ししてくれる社会になってほしいな。

中学生・高校生の「大人になったらなりたいもの」

中学生・男子(N=471)			中学生・女子(N=449)		
1位	会社員	18.3%	1位	会社員	13.6%
2位	ITエンジニア／プログラマー	6.8%	2位	公務員	7.8%
3位	公務員	5.7%	3位	看護師	6.9%
3位	YouTuber／動画投稿者	5.7%	4位	パティシエ	5.6%
5位	ゲーム制作	4.9%	5位	教師／教員	5.1%
6位	鉄道の運転士	4.5%	6位	幼稚園の先生／保育士	3.8%
7位	サッカー選手	4.2%	7位	料理人／シェフ	3.3%
7位	医師	4.2%	7位	医師	3.3%

2021年 第一生命保険資料を基に作成

考えてみよう＆やってみよう！

一人ひとり自分らしい
幸せが実現できる
世の中が理想だね。

「ウェル・ビーイング(well-being)」と「ハピネス(happiness)」の違いについて、調べてみよう。

幸福感を持ち続けるためには、どのようなものの捉え方が必要だろうか？日常会話の中にある言葉を探して、共有してみよう。

多くの人がなにを「幸せ」と感じているのか、インタビューをしてみよう。

この問題や取り組みについてもっと知るには

2人に1人が、ストレスを抱えながら生きている！？

心の悩みを抱えている
人がそんなにいる
なんて辛い…。
コロナ禍でストレスを
ため込んでいる人は増えて
いるから、早急な対応が
必要なんだ。

先進国で自殺死亡率が上位“高ストレス型社会”日本

日本における若年層の死因1位は自殺です。2020年には479人の小中高生が自殺で亡くなり、前年から140人増えて過去最多となりました。日本の自殺死亡率は先進国の中でも突出しており、その主な原因は日常生活のストレスです。ストレス問題は若年層に限らず社会全体に蔓延し、厚生労働省の調査（2019年度）によると、日本に住む人の47.9%が「日常生活での悩みやストレスがある」と回答し、精神疾患で医療機関に通っている人は300万人を超えています。そして現在、新型コロナウイルスの感染拡大によって、人々の不満や不安、孤独感はさらに深刻化しています。生きづらさや不自由さを感じやすい“高ストレス型社会”の日本。バランスのとれた穏やかな心理状態で生活できる環境を取り戻すには、どのようなアクションが必要でしょうか。

このSDGsが深く関係しているよ

10　人や国の不平等をなくそう

差別や偏見のない、お互いを認め合える場づくりが求められます。

11　住み続けられるまちづくりを

悩みを共有できるコミュニティづくりが、ストレスの軽減につながります。

16　平和と公正をすべての人に

みんなが安心して参加できる平和な社会をつくることが大切です。

“高ストレス型社会”だと、大人だけでなく子どもも心に余裕がないんだ。だから、笑顔で明るくふるまっている人でも、実はストレスを抱えている可能性も…。悩んでいる友だちがいたら、ぼくにだけでも話してもらえたらうれしいな。

性・年齢階級別に見た悩みやストレスがある者の割合（12歳以上）＊入院者は含まない

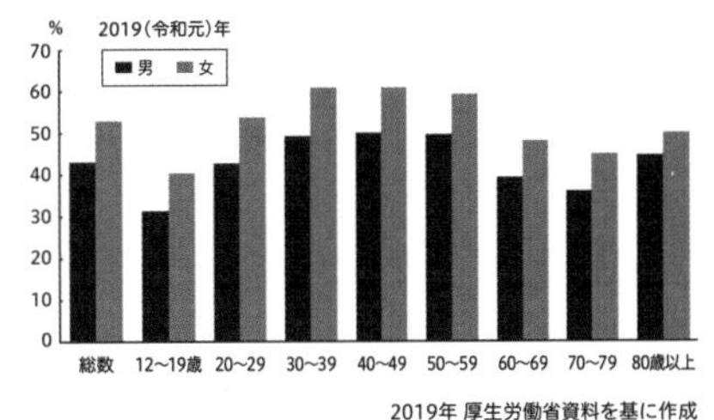

2019年 厚生労働省資料を基に作成

考えてみよう＆やってみよう！

1人のストレスはみんなで解決！SDGsのように社会全体で立ち向かいたいわ。

あなたにとって「高ストレス」とはなんだろうか？それらをもたらしている理由について考えてみよう。

人間関係や環境でストレスを感じている場合、「自身の変容」でストレスを回避できる場合がある。ストレスを回避するための「自身の変容」について考えてみよう。

どのようにストレスに対処し、解消したかを共有してみよう。

この問題や取り組みについてもっと知るには

日本の課題をもっと知ろう、解決のアイデアをみんなで共有しよう！

「社会課題解決中マップ」「応援会議— Beyondミーティング」

ETIC.は、社会課題に取り組み、もっと日本を元気にしようと活動するみんなの“未来意志”を応援するNPO法人です。そのために、ウェブサイトで日本の社会課題についての情報を発信したり、未来意志を持った人が集まって話し合える場を提供しています。日本の社会課題やSDGsに関心を持った人は、ぜひこちらも見てみてくださいね。

日本の課題についてもっと知りたい！

「社会課題解決中マップ」を見てみよう

ETIC.では、P30-32で紹介した日本の社会課題を解説した「社会課題解決中マップ」をウェブサイト上で公開しています。第2章で紹介しきれなかった課題についても解説しています。それぞれの課題の解決に向けたプロジェクトも紹介されているから、どんな取り組みが進んでいるのかも知ることができますよ！

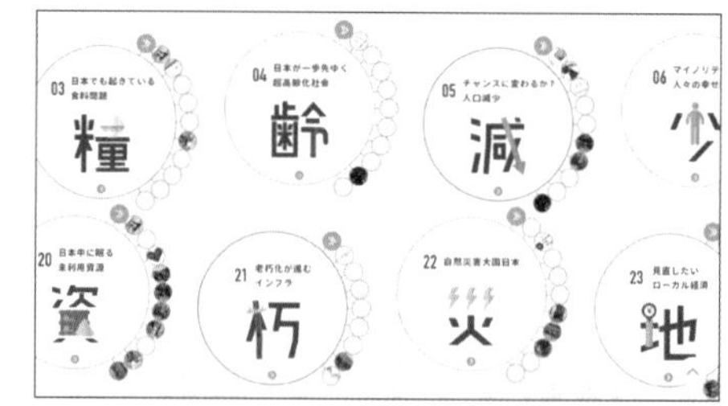

解決のアイデアをみんなと共有したい！

「Beyondミーティング（応援会議）」に参加しよう、開催しよう

この本を読んでみて「こういうことをやってみてはどうだろう」「これも課題じゃないか」などのアイデアが頭に浮かんだら、ぜひみんなで共有しましょう。ETIC.では、毎月1回、「Beyondミーティング」という応援会議イベントを開催しています。「Beyond」とは、「お互いの立場を超えて」という意味。高校生や大学生、企業の人、公務員やNPOの人も、みんなで一緒になって実現したいアイデアを発表し、応援し合う場です。実際に高校生のアイデアからプロジェクトが立ち上がり、実現に向けて動き始めることもあります。「Beyondミーティング」は、アイデアを持っている人同士が集まれば、いつでもどこでも開催できます。みんなも、学校や部活動、おうちの人とやってみよう！

●「Beyondミーティング」の流れ

「もっとこうしたい」「こんなことがあったらいいな」などのアイデアを持っている人同士で集まろう。

▼

それぞれの人がアイデアを発表しよう。

▼

「アイデアをもっとよくするには？」「本当に実現するにはどうすればいい？」とみんなで一緒に考えてみよう。

第3章

仕事体験に行こう

学校の休み時間に、この前の「ダイバーシティ・オンラインイベント」の感想を話し合う4人。「『ダイバーシティ&インクルージョン』か。みんなの個性を活かせる社会づくりのポイントを学べて良かったよ」とかずやがうれしそうに話します。けんたは「相手のことをよく知って、認めることが大切なんだな。オレもみんなのことをわかったつもりでいるけど、まだまだ知らないこともあるんだろうな～」としみじみ。

先生が「『仕事体験』の時期になりました。みんなはいま、どんなことに興味がありますか？それを学べる体験先があったらぜひ選んでください」と、黒板に仕事体験先を書き出します。「この前に行った仕事体験、楽しかったな～！そのときは『楽しそう』とか『面白そう』で決めてたわ」とゆみ。みのりは「直感で決めるのもいいけど、社会や仕事のことを学べる貴重な機会だから、じっくり考えてから決めるのもいいかも」と話します。

ここで、けんたがひらめきます。「オレたちダイバーシティを勉強しているし、せっかくだから『ダイバーシティに貢献する仕事』を体験してみようぜ！」。かずやは「けんたの意見に賛成！そのためには体験先の情報をしっかり調べないとね。どれどれ…」とタブレットで調べ始めます。かずやがリストアップした情報をチェックしていくうちに、それぞれ興味深い体験先を見つけます。

けんたは「オレはみんながいきいき暮らせる地域づくりに興味があるから、多文化共生に取り組む地域を見てみたいな！」と宣言。ゆみは「ジェンダー問題解消や女性支援に力を入れている企業にするわ。女性も男性もやりがいを持って働ける社会づくりのヒントがありそう！」とワクワクしています。みのりは「個人の価値観に寄り添うまちづくりを進める団体がいいな」とやる気いっぱいに話します。そしてかずやは「ぼくは幅広い交流を生み出す取り組みを体験したいな。個性を認め合うためのポイントを勉強できると思うんだ」と理由を説明します。それぞれの考えや目的をもとに選んだ企業・団体で、いよいよ仕事体験が始まります。

かずや

「初めまして、仕事体験をさせていただくかずやです。わぁ、たくさんの人でにぎわっていますね」。かずやは体験先を見渡して驚きます。かずやを迎え入れたケンタさんは「やあ、かずやくん。この施設は地域の人たちの“憩いのスポット”であり、色んな世代や立場の人たちの“交流を生み出す居場所”でもあるんだ」と特徴を紹介します。

ケンタさんは施設をぐるりと回りながら説明を続けます。「ここのそば処では、障がいのあるスタッフが働いているんだ。誰もが自分の得意なことを活かせる環境は、みんなが幸せになれる地域づくりに必要だからね」。かずやは「スタッフの皆さん、すごくいきいきとした姿で仕事をしていますね。あっ、あのスタッフさんがつくったそば、盛り付けがとってもきれい！心がこもっているから、きっとおいしいんだろうな」と、つい食べたくなってしまいました。

ここでケンタさんが提案します。「かずやくんも、自分の得意なことを活かして私たちの仕事を手伝ってみないかい？ここでは6歳から89歳までの地域の人たちがそれぞれできることを発揮して活躍しているんだよ」と話します。かずやは考えた末に「けがの防止につながるストレッチ教室はどうですか？卓球をするときに、指まで入念にストレッチしているので、そのやり方を応用できるはずです」とアイデアを提案します。それを聞いたケンタさんは「いいね！日頃から卓球に打ち込むかずやくんらしいよ。ぜひ皆さんに教えてあげよう」とゴーサインを出します。ストレッチ教室を開催すると、多くの利用者が参加し、かずやは皆さんに一生懸命やり方を教えます。

ストレッチ教室を終えたかずやに、ケンタさんは「皆さん、楽しそうに参加してたよ！」と拍手。「喜んでもらえてうれしいです！」とかずやは笑顔を浮かべます。ケンタさんに「汗をかいたよね？天然温泉でゆっくりしてきて」と言われたかずや。湯舟に入ると「さっきのストレッチ、すごく良かったよ〜。どこから来たの？」と利用者の皆さんからもお褒めの言葉が。かずやは照れながら「ありがとうございます！今日は仕事体験で来ていて…」。かずやは、障がいがあっても自分の得意なことを活かして活躍できる喜びと、立場の異なる人同士の気軽な交流を生み出す地域の居場所の役割を実感するのでした。

けんた

けんたは「こんにちは！ここではどんなことをしているんですか？」と質問します。答えるのは、カズヨシさん。「こんにちは、けんたくん。この地域はベトナムやインドネシア、ブラジルといった色んな国の人たちが生活する国際色豊かな街(まち)なんだ。私たちは、異なる文化や考えを持った人たちみんなが幸せに暮らせるよう後押(あとお)しする『応援団(おうえんだん)』といったところかな」。それを聞いたけんたは「『応援団(おうえんだん)』！？街(まち)のリーダーとしてみんなを引っ張っていくかっこいい仕事だと思ってたのにー」とあまり納得できない様子です。カズヨシさんは「まあまあ落ち着いて。なぜサポート役として働いているか、街(まち)を見ればわかるはずだから、一緒(いっしょ)に出かけよう！」と、けんたを連れ出します。

「ここは自動車の部品をつくっている会社だよ。ちょうど仕事終わりにみんなで食事会をやっているね」と、カズヨシさんは食事の輪に入っていきます。けんたは「あっ、広島名物のお好み焼きだ、おいしそう～」と、鉄板にくぎづけ！会社の社長は「これは豚肉(ぶたにく)の代わりに鶏肉(とりにく)を使った会社特製お好み焼きだよ」と説明します。「えっ、お好み焼きといえば豚肉(ぶたにく)じゃないの？」と不思議がるけんた。「イスラム教を信仰(しんこう)する社員は豚肉(ぶたにく)が食べられないから、私が考案したんだよ。これはこれでうまいよ～」と、社員みんなでほおばります。

カズヨシさんは「日本に来た外国出身の人たちにとって、知らない国の生活は不安なもの。みんなが幸せに生活できる“多文化共生”を実現するためには、異なる文化を持つ人たちを思いやることが大切なんだ」とけんたに説明します。「相手を思いやる気持ちか～。かずやにも指摘されたけど、つい自分の考えを押し付けちゃうんだよな…」とけんたは頭をかきます。「人それぞれ考えが違うのは当たり前。そのうえで、相手のことを知ってちょっとずつ考え方を変えることが大事だよ。ほら、あそこを見てごらん。ベトナム出身の社員とほかの社員の子どもたちが仲良く遊んでいるね。年齢も国籍も文化も違っていても、お互いのことを知ることで、心を許せる間柄になれるんだ」とカズヨシさんが指し示す先では、幸せな光景が広がっていました。

けんたは「そっか…、相手のことを理解しようとするには、自分から寄り添わないといけないですね」と納得。カズヨシさんは「まちづくりの主役は、自治体ではなく住民。多文化共生の街にするには、この地域に暮らす一人ひとりが『主人公』として、柔軟な考え方でまちづくりに関わらないといけないんだ。だからこそ、私たちは『応援団』として、ダイバーシティのあるまちづくりを目指す意味や、新しい考え方のヒントとなる情報を発信しているんだ！」と力を込めます。その熱い想いにけんたは「みんなが幸せになれるまちづくりを陰で支えるのか…。それもかっこいいですね！」とテンションが上がります。

「おっと、こうしちゃいられない。ほかにも仕事が待っているから、けんたくんもついてきて！」と再び街に出るカズヨシさんとけんた。カズヨシさんは街中を駆け回り、多文化共生につながる取り組みを行っていきます。労働環境や制度に悩む外国籍住民へのヒアリング、自治体の職員との会議、外国出身者向けメニューを作成中の飲食店へのアドバイスなど。地域のために忙しくもハツラツと働くカズヨシさんを見て、けんたは「カズヨシさんは街のみんなから頼りにされてる。オレも地域活性化に携わるためには、色んな立場の人たちから信頼してもらえるようにならないとな」と強く思います。

仕事体験を終えたけんたにカズヨシさんは「多文化共生は、人口減少が続く日本にとって、街を維持し発展させるための“仲間づくり”。多文化共生のやり方はひとつじゃないけど、この地域の取り組みが、未来のまちづくりのヒントになることを願っているよ」と言葉を送ります。けんたは「地域が一体となってダイバーシティに取り組むかっこいい街のことを、みんなに教えたいです。いつかオレも、笑顔あふれるまちづくりにチャレンジするので、ぜひ見ててくださいね～！」とけんたは街の皆さんに手を振り出発するのでした。

ゆみ

ウキウキ気分でやってきたゆみを出迎えたのはマキコさん。「ようこそ、ゆみさん。会えるのを楽しみにしていたわ」と歓迎します。ゆみは「私、将来社会のため活躍する起業家になりたいので、女性も働きやすい社会づくりにすごく興味があります。マキコさんたちは、どのような女性向けの取り組みをしているんですか？」と質問します。すると、マキコさんから意外な回答が。「女性向けの施策はもちろん大事だけど、みんなが活躍できる社会にするには、社会や企業そのものの仕組みを変える必要があるの。例えば『男性の育児休業の取得推進』ね」。「えっ、男性に対する取り組みが女性のためにもなるんですか？」とゆみは不思議に思います。

「女性も男性もやりがいをもって働き続けるためには、結婚や出産、育児といったライフイベントへの配慮が必要よ。でも、社会全体ではまだまだ不十分。特に、育児には長い期間、心と身体のエネルギーを使うから、“産後うつ”がいま社会問題になっているの」とマキコさんは社会の現状について説明します。「仕事と子育ての両立って難しんですね…」とゆみはしょんぼり。「だからこそ、『男性の育児休業の取得推進』に取り組んで、男女ともに抱える孤独や心身のストレスを軽くして、前向きな気持ちで働ける社会にしたいの！」と意気込むマキコさん。

そこに男性スタッフさんが現れます。マキコさんは「彼は過去に育児休業を取得した、いわば経験者なの。ゆみさん、一緒に男性の育児休業の取得を推し進めたい企業を支援してくれないかな？」と提案します。大きな仕事に「私でいいんですか？」と戸惑うゆみ。

「日頃からお父さんやお母さんを見ている"子どもの視点"からでも、新しい働き方・生き方につながるアイデアは出せると思うわ」とマキコさんは後押しします。その言葉を受けてゆみは、男性スタッフさんと一緒に依頼先のもとに出発！ゆみは一生懸命自分なりのアイデアを提案します。

「ただいま戻りました〜」。マキコさんのもとに帰ってきたゆみはクタクタです。マキコさんは「おつかれさま！がんばっていろいろ提案できたみたいね」とねぎらいます。そのうえで、マキコさんからアドバイスが。「もっといいアイデアを思いつくには、自分の中の『引き出し』を増やすことが大事よ。『男性の育児休業』とか普段意識していないことにも興味を持って、調べて、ふれて、深く学んでみてほしいな。その知識や経験が、新しいアイデアの種になるの」。マキコさんのエールを受けて、「そっか…、社会に貢献する起業家になるためには、幅広い分野について勉強あるのみ、ですね！」と、ゆみの疲れはどこへやら。やる気がメラメラと燃え始めたのでした。

みのり

みのりを見つけたミチエさんは「待っていたわ！楽しい仕事体験になるわよ、よろしくね！」と教室に呼び入れます。そこにいたのは、地域の子どもたちとジュリさん。ジュリさんは「はじめまして、みのりさん。私のお母さん明るいでしょう？この街は陽気でやさしい人が多い、楽しいところなの」と笑顔を見せます。みのりが「皆さん、すごく楽しそうです。今日はどんなことをするんですか？」と質問すると、ジュリさんは「今日は子どもたちへの教育支援のひとつとして、『自分たちのルーツ』について調べてみるの。自分らしく生きていくためには、まず自分のことを知らないといけないからね」と説明します。

みのりは「『自分のルーツ』なんて考えたこともなかったです。どうして必要なんですか？」と質問します。「私は日系ブラジル人３世で、これまでにも外国人として扱われて嫌な思いをすることもあったの。日本にもブラジルにもルーツがあることで、『私は日本人なのかな？ブラジル人なのかな？』って悩んで、モヤモヤしていた時期もあったわ。でもね、ブラジルに実際に行ってみたり、周りの人にルーツをほめてもらったりして、色んなルーツがあることは素敵なことだと思えたの。世の中には色んな個性があるけど、みんなそのままでいいのよ！」と、ジュリさんは自身のルーツを笑顔で話します。みのりは「周りと違うルーツで悩んでいる人にとって、自信をもって生きているジュリさんは、かっこよく見えているんだろうな」と目を輝かせます。

自身のルーツを知らないみのりのために、ジュリさんは提案します。「みんなと一緒にルーツを調べてみない？新しい発見や個性が見つかるかもしれないよ」。みのりは「でも、ジュリさんの仕事のお手伝いとかしないと…」と申し訳なさそうに答えます。「これも大事な仕事よ。みのりさんがサポーターとして最初にルーツを話してほしいわ」と、みのりの背中を押すジュリさん。そこで、みのりは北海道に暮らすおじいちゃんとおばあちゃんに電話をします。「私たちの暮らしは海や大地の恵みに支えられていて、自然は“家族”のように大事な存在なんだよ」と教えてくれるおじいちゃん。「自然が家族…。どんな地域なのか知りたくなってきた」とますますやる気が出たみのりは、インターネットでさらに北海道について調べていきます。

そして発表の時間。みのりは北海道について子どもたちに紹介します。タブレットに映し出される写真や動画に、子どもたちは夢中。発表を終えると「すごい広い草原があってビックリした～」といった感想とともに、子どもたちがみのりのもとに集まってきます。ジュリさんも「みのりさん、素敵なルーツだわ。自分という人間が、色んな歴史や文化、自然環境の中でできていることがわかってもらえたんじゃないかな」とニコリ。みのりは「生まれた場所では色んな文化や慣習がいまでも大事にされていることを知ることができました。ルーツも自分の個性のひとつとして、大事にしていきます」と笑顔を見せます。

4人集合

みのりが学校に戻ると、けんた・ゆみ・かずやの声が聞こえてきます。「みんなが幸せになる地域をつくるには、自分の中の常識を周りに合わせてちょっとずつ変えていくことが大事なんだってさ！」、「素敵な未来をつくるアイデアは、自分の知らない世界にふれることで思い浮かぶらしいの」、「ぼくは得意な卓球を活かして貢献できたよ。自分の経験は無駄じゃないって実感できて良かった」。仕事体験を通して、新しい考えが芽生えた3人。みのりは「みんな、新しい発見を共有し合っている！私もみんなに教えてあげなくちゃ」と3人のもとに向かいます。「みんなお待たせ！すごく勉強になる仕事体験だったわ」。

「みのり、待ってたよ！」と迎え入れるけんた・ゆみ・かずや。「どんなことが勉強になったの？」とゆみが聞くと、「いまの自分をかたちづくる『ルーツ』を大切にして、個性として活かすことだよ」と笑顔で答えるみのり。続けて「私が生まれた北海道では、先住民族が築き上げてきた文化をいまも大事にしていて、その歴史を発信する施設もあるの。昔の文化を継承できているってすごいことだと思う。どうやって現代の文化と共存させて、みんなが共生する社会をつくってきたのか、勉強したいって思ったわ」。それを聞いたかずやは「ダイバーシティを実現するヒントがあるかもしれないね」と答え、ゆみは「明日から連休だし、思いきって北海道に行って勉強するなんてよくない！？」と提案します。こうなったら話は早いです。けんたは「行こうぜ、行こうぜ！」とみんなを引き連れ、出発の準備に入ります。

チャレンジストーリー
「地域交流を生み出す居場所」の
モデルはこちら

世代も国籍も障がいも“ごちゃまぜ”にして地域の交流拠点をつくる

公益社団法人 青年海外協力協会「JOCA東北」

どんな活動をしているの？

宮城県岩沼市にある「JOCA東北」は、保育園、高齢者や障がいのある人のためのデイサービス施設、天然温泉、運動ジム、そば屋などがひとつになった複合施設で、幅広い世代の人たちでいつもにぎわっているよ。運動ができて、温泉に入って、ご飯まで食べられるなんて、みんなが大好きなレジャー施設みたい。実は、「JOCA東北」はダイバーシティのまちづくりにつながる重要な役割があるんだ。いま日本では、地域の住民同士でつながりながら生活する“ご近所づきあい”が減っていることが大きな課題に。そこで「JOCA東北」では世代、国籍、障がいの有無などを“ごちゃまぜ”にして、地域社会をひとつ屋根の下に再現しているんだ。施設の空間

づくりを工夫して、ここに集まる人たちの活動がお互いに自然と目に入るようにしたことで、みんなが日常的に交流できる場になっているんだよ。オープンしてまだ1年経ってないけど、ここにやってきた人たち同士で化学反応が生まれて、活気のあるコミュニティができつつあるんだ。それは地域住民が分け隔てなく話せる“ダイバーシティの街”に向けた大きな一歩になっているよ。

「JOCA東北」をつくるきっかけになったのは、2011年の東日本大震災。私たちJOCA（青年海外協力協会）は青年海外協力隊に参加した人たちが中心になった組織で、被災した岩沼市で仮設住宅入居者のケアや見回りなどの活動をする中で、復興支援をするだけではなく、地域の人たちが大切にしてきたコミュニティを未来に残したいと思うようになったんだ。そこでキーワードにしたのが「多世代交流」だよ。子どもからお年寄りまでさまざまな人たちが楽しくふれ合う光景は、日本の古き良き温かみのあるコミュニティなんだ。ただし、それだけではいままでのコミュニティを“守る”だけ。そこで「JOCA東北」では、「誰もが生きがいをもって活躍できる場」としての役割をプラス。障がいのある人や高齢者のボランティアなどが得意なことを発揮できる施設にしたことで、すべての人が幸せな地域にまたひとつ近づいたんだ。まさに、みんながこの書籍で学んでいる「色んな人が活き、活かされる社会」を、ひとつの施設で実現しているのが「JOCA東北」なんだよ。

JOCA東北
マネージャー
河合 憲太さん

ぼくには卓球という熱中できるものがあるけれど、やりがいをなかなか見つけられない人もいるかもしれないね。「JOCA東北」のように誰もが活躍できる場や、色んな人たちが共生できる居場所がもっと増えてほしいな。

チャレンジストーリー
「多文化共生の応援団」の
モデルはこちら

異なる個性が活き、活かされる多文化共生の街を実現する

特定非営利活動法人　安芸高田市国際交流協会

どんな活動をしているの？

2008年設立の「安芸高田市国際交流協会」は、広島県安芸高田市の“多文化共生のまちづくり”に取り組んでいる団体だよ。多文化共生とは、国籍や民族などに関わらず、すべての人がお互いの違いを認め合い、地域で一緒に暮らす住民として対等な関係で生きていくこと。人口が減少している日本では、外国出身の人々と一緒に街を維持し発展させていくことが必要なんだ。そこで私たちの団体は、安芸高田市が2013年に掲げた「多文化共生プラン」を自治体や地元企業と一緒に取り組んでいるよ。このプランのポイントは、先進的にSDGsの考えを取り入れているところ。安芸高田市には、技能実習生がたくさんやってくるんだ。だから外国出身者が快適に暮らすための行政サービスなどの使い方レクチャーから始まり、ごみ捨てや生活音といった日本ならではのルールのアナウンス、外国系住民が定住したくなる街の魅力づくりなど、多文化共生につながるアイデアを幅広く実践しているよ。まだまだ解決すべき課題はあるけど、安芸高田市のすべての人が幸せに暮らせる、持続可能なまちづくりを進めていくよ。

国際交流 Potluck パーティーでのプレゼント交換

多文化共生を目指す安芸高田市だけど、その原動力は「多文化共生プラン」だけではないんだ。カギになるのは、市民一人ひとりの「心の扉」。異なる個性を持つ外国系市民に対して心を開いてコミュニケーションをとれるかどうかで、街の未来は大きく変わるんだよ。だから私たちは、子どものうちから世界の文化について学んだりふれる機会として、小中高向けの多文化共生に関する出前授業や、ダイバーシティのまちづくりに参加する「高校生多文化共生リーダー」の育成に取り組んでいるんだ。

これからの目標は、外国系市民のみんなにまちづくりを引っ張ってもらうこと。安芸高田市にとって、外国系市民は“お客様”ではなく“一緒にまちづくりを行う仲間”。だから、個性や文化を活かして、未来の安芸高田市をつくるリーダーでありパートナーとして活躍してほしいな。それが実現すれば、多様性のある市民みんなが、もっといきいきと暮らせる街になるはずだから。

安芸高田市国際交流協会
代表理事
明木 一悦さん

オレたちと同じくらいの年齢で多文化共生を勉強するなんてすごいな！それに、まちづくりプランに昔からSDGsの要素を取り入れていたなんて。ということは、SDGsとダイバーシティってとても近いものなんだね。

仕事と人生を両立する新しい働き方を社会に広めていく

チャレンジストーリー
「男性の育児休業の取得推進」の
モデルはこちら

株式会社ワーク・ライフバランス

どんな活動をしているの？

いまの社会には性別はもちろん、年齢や国籍などで不平等な扱いを受けたり、介護や障がい者家族のケアといった家庭の事情で仕事との両立が難しい人がたくさんいるの。私たちの会社は、すべての人が幸せに働けるように、働き方を根本から変える活動をしているよ。例えば、女性も管理職として活躍できる環境づくり、男性も育児しやすい職場づくりなど、新しい働き方や仕事のあり方を企業などに提案することも。働く人たちの日常生活が充実すると、色んな経験や知識（引き出し）が増えて、仕事へのやる気もアップする。そうすると、会社の売上が伸びる、新しい勉強をする人が増える、といった良い効果が生まれるんだよ。このような、働く人も会社も幸せになるサイクルを、私たちは“ワーク・ライフシナジー（仕事とプライベートの相乗効果）”と呼んでいるの。目指すのは、そのシナジーが満ちて、“ワーク・ライフバランス”という言葉を使わなくてもいい社会。そのためにも、働き方にひそむダイバーシティやジェンダーに関わる課題を見つけて、社会全体で解決してきたいと思っているよ！

私が社会人になった頃、会社や社会全体には仕事と出産・子育てとを両立するためのサポートがほとんどなかったの。自分らしく大好きな仕事を続けたいという気持ちがある一方で、当時の環境を見て「女性はいつか、やりがいをもって働き続けることをあきらめないといけない」と思うように。そんな社会を変えたくて、社長・小室淑恵さんと、仕事（ワーク）と自分の生活（ライフ）、どちらも充実させる働き方を目指すこの会社を立ち上げたの。とはいえ、その働き方を実現するには、決められた就業時間内に仕事を終わらせたり、有給をちゃんと取得したりしないといけないからなかなか大変。だから私たちの会社では、一人ひとりの個性が活かされて楽しく働けるように、それぞれが得意なことを率先してやることにしているの。例えば私は人前で話すのが得意だけど、細かい計算作業が苦手。私が苦手なものを助けてもらったら、代わりに私が人前で話す役を担当したり（笑）。一人ひとりの力や才能が発揮されると、ほかの人へのサポートにもなるし、楽しく働ける環境づくりや社会を変えていくことにもつながるの。そんな環境をつくるには、一緒に働く人たちの個性を理解して、お互いに尊重することが大事なんだよ。

ワーク・ライフバランス
パートナーコンサルタント
大塚 万紀子さん

私も絶対好きなことを活かして働きたい！あと、苦手なことを堂々と言えるマキコさんってかっこいいな。お互いに苦手なことを含めた“自分”を伝えて、それを理解し合える環境だからこそ幸せに働くことができるんだね！

チャレンジストーリー
「ルーツを理解する教育支援」の
モデルはこちら
▼

それぞれのルーツを認め合い、自信を持てる多文化共生のまちづくり

特定非営利活動法人 ABCジャパン

どんな活動をしているの？

「ABCジャパン」は、在日外国人（日本で生活する外国人）が自立して安心して生活できる多文化共生社会の実現を目指しているよ。活動の始まりは神奈川県横浜市の鶴見区で、在日外国人の生活支援として生活や教育、仕事に関するサポート活動を幅広く行っているんだ。特にがんばっているのが、地域の未来を担っていく子どもたちの教育支援。外国につながりのある子どものためのフリースクールや地域の小学校で週1回の放課後教室を開いているよ。また、日本の学校について知ることができる多言語に訳したガイドブックをつくって、子どもは安心して勉強でき、親御さんも不安なく子育てに集中できるようにしたんだ。

あと、鶴見区は沖縄にルーツを持つ人もたくさんいるの。だから、沖縄と南米と鶴見の文化をミックスしたイベント「鶴見ウチナー祭」に参加団体としてブース出展し、それぞれのルーツを認め合い、誇りを持って生きられる社会づくりにつなげているよ。

鶴見区はもともと多くの外国人が生活していて、そんな色んな個性が集まった街が私は大好き！でも、学校からのお知らせなどが読めなかったり、宅配便の使い方が分からなかったり、日々の暮らしに不便さを感じている人がいたんだよ。ブラジルから日本に移住してきた私も日本の生活に馴染むまでは周りの人たちに助けてもらって、それがとてもありがたくてうれしかった。だから、「今度は私にできることで日本の生活で困っている人たちを助けてあげたい」と思うようになったの。まずはブラジルや南米の出身者へのサポートから始めて、2000年には「ABCジャパン」を設立。地域の人たちと在日外国人がコミュニケーションを通じて関係を深める取り組みを実施したり、区役所や学校とも連携しながら在日外国人が生活しやすい環境づくりに力を入れたことで、鶴見区は日本の中でも特に在日外国人が生活しやすい街になったんだ。これからの目標は、お互いのルーツや文化をもっと理解し尊重し合える街にすること。国籍や人種の枠を飛び越えてそれぞれが自由に夢を描けて、みんなが笑顔で生活できる多文化共生を実現していくね。

ABCジャパン
理事長
安富祖 美智江さん

色んなルーツがある人が集まることで、自分だけでは得られない豊かさを知ることができたよ。それぞれのルーツは、それぞれの個性につながる。その個性にフタをすることは、将来の可能性を狭めてしまう、もったいないことなんだね。まずは、私のことを周りに知ってもらえるようにしようっと！

先住民族学習

4人は北海道に到着。「さあ！先住民族について勉強しましょう」とゆみが意気込み施設に入ります。展示されている先住民族に関する情報や資料は、けんたたちにとって初めて接するのものばかり。「服装や食事にも、独自の文化があるんだな」、「自然に感謝するだけでなく、尊敬するってなかなかできることじゃないよね」とそれぞれ熱心に学びます。

施設を回り終えた４人。「みのりのおかげで、日本の先住民族の歴史やルーツを知ることの大切さを学ぶことができたな。たくさん勉強したし、それじゃあ北海道のアクティビティで遊ぼう…」とけんたが言いかけたそのとき！

ちょっと待った！

4人の前に現れたのはSDGs博士。「まだ満足するには早いぞ。仕事体験やこの施設で、聞いたこと・見たこと・感じたことを、インターネットを使って調べてみよう！きっと新しい気づきがあるぞ」とアドバイス。かずやは「たしかに、言葉や取り組みを知ったとしても、その意味やなりたちまでちゃんと理解できているとは限らないかも」とふむふむうなずきます。けんたたちは、学びをさらに深めるための自主的に協同学習を始めます。

自主的な協同学習

「先住民族の保存食って、食べ物を無駄にしないSDGsの取り組みにもつながってる！」、「近所の人の名前すら知らない人は結構いるんだね。共生社会をつくるためにも地域の結びつきを強くする活動をぼくなりにやっていきたいな」。みのりとかずやは、楽しみながら順調にインターネットで調べている様子。一方、けんたとゆみは悩んでいます。「う〜ん、ダイバーシティは日本だけの問題じゃないよな。海外の取り組みを知りたいけどどうすれば…」、「私も！ジェンダー先進国の人たちのリアルな気持ちを知って、日本の課題解決の糸口を見つけたいんだよ〜」。調べる方法に困っているけんたとゆみに、見かねたみのりがある提案をします。「ここで悩むよりも、アメリカで暮らすアレックスに相談してみるのはどうかな？」。

アレックスは、この前までけんた・ゆみ・みのりのクラスメイトだったアメリカ人の男の子で、いまはアメリカのサンフランシスコで生活しています。「たしかに！アレックスならアメリカのダイバーシティの取り組みを知っているかも」とゆみは早速アレックスに連絡をします。

「やあ！みんな、久しぶり」と明るい声とともにアレックスが登場！「元気そうで良かった」とけんたたちは大喜びです。かずやは「初めまして、アレックス。みんなでダイバーシティについて勉強していて、ぜひアメリカの取り組みを聞きたくて」と話すと、「かずや、こちらこそよろしくね。それじゃあ、ぼくの身近なところの取り組みから紹介しようかな」と、アレックスは本題に入ります。

アメリカの取り組み

「アメリカは異なる国籍(こくせき)や文化を持った人たちが共生するダイバーシティ先進国。ぼくが住むサンフランシスコは、レインボーフラッグに代表されるLGBTQ＋を理解し共存・共生する街(まち)としても有名なんだ。ほかにも、世界的なIT企業(きぎょう)では性別や人種にとらわれない人材活用を掲(かか)げていて、実際に幅(はば)広い属性の人たちが、リーダーとして活躍(かつやく)しているよ」とアレックス。「アメリカでは街(まち)や企業(きぎょう)をあげてダイバーシティを浸透(しんとう)させているんだね。日本でもこんなに大々的な取り組みができたらいいよね」とかずやは感心します。それを聞いたアレックスは「たしかに日本はアメリカと比べるとダイバーシティの取り組みが遅(おく)れているように感じてしまうね」と残念がります。

「う〜ん、どうすればいいんだ…」。悩(なや)む4人に対してアレックスは「そうだ！ぼくだけじゃなくて、世界中の色んな地域にルーツを持つ友だちにも話を聞いてみない？日系人とかアフリカにルーツがある人とか。あとパラスポーツに取り組む人や少数民族にルーツを持つ友だちもいるよ。すごくためになると思うんだ」と提案します。「色んな人の話を聞けるのね。アレックス、ぜひお願いしたいわ！」とゆみは賛成します。アレックスの呼びかけに、オンラインルームには続々と参加者が集まります。

オンラインミーティング

「君たちがアレックスの友だちだね。ダイバーシティに関心を持ってくれる人が増えてうれしいよ」と参加者の男の子が喜びます。女の子は「それじゃあ私の身近な取り組みから紹介しようかしら。いま暮らしている地域は、アフリカから移り住んだ人たちがつくった街で…」と自身のルーツについて説明を始めます。次々に紹介されるダイバーシティの取り組みや世界各国の現状について、けんた・みのり・かずや・ゆみは真剣に聞き入ります。

参加者それぞれの話を聞き終えた４人。「インターネットを使って調べるだけではわからない、実際に世界中で取り組まれているアクションを知ることができたわ」とみのりは満足気に話します。けんたも「世界は広いんだな～。色んなルーツを学べて、なんかいいアイデアが出てきそうだよ」といきいきとしています。「アレックス、みんな。ありがとう！」と４人は感謝の気持ちを伝えて、次なるダイバーシティの学びへと向かいます。

みのりの視察レポート

日本の先住民族の文化を伝える「ウポポイ」

文化やルーツ、
アイデンティティの大切さを
勉強するために
行ってきたよ！

みんなは「アイヌ民族」って知っているかな？アイヌ民族は日本列島北部周辺、とりわけ北海道に住む日本の先住民族。その歴史の始まりは、北海道に人類がやってきた3万年前ごろにまでさかのぼるんだ。そして、狩猟・山の植物の採集、魚・貝・海藻をとったり、動物の毛皮や木や草の繊維など身近にある材料や、交易によって手に入れた絹や木綿などで洋服をつくったり、自然のサイクルに寄り添いながら暮らしてきた民族なんだよ。

でも、かつてアイヌの人々の言葉や文化は、同化政策によって使うことも受け継ぐこともできなくなってしまったの。こうした文化を守り、アイヌの人々の誇りが尊重される社会を実現するために法律がつくられ、2020年7月に北海道白老町に誕生したのが「ウポポイ（民族共生象徴空間）」。日本の貴重な文化でありながら、存立の危機にあるアイヌ文化の復興・発展を目的とした施設だよ。ウポポイではアイヌの文化・歴史に関わる研究や調査を行っていて、ここでは展示を見るだけではなく、踊りなどのアイヌ文化はもちろん、「チセ」という伝統的な家屋を再現して、かつての生活空間を体感することもできるよ。

ところで、この施設の名前である「ウポポイ」、不思議な響きだよね。これはアイヌ語で「（おおぜいで）歌うこと」を意味するんだって。アイヌ語はアイヌ民族が使われていたことばで、日本語とは別の言語だよ。

ウポポイの公園内には、チセが並んだコタン（集落）が再現され、伝統的な生活空間を見たり、解説を聞いたりすることができるよ。

国立アイヌ民族博物館。ロゴマークは、アイヌの伝統家屋「チセ」をイメージしてデザインされているよ。

伝統的なアイヌの文化を紹介する「コタンの語り」。ウポポイのウェブサイトでは踊りなどの映像も見ることができるよ。

「〜が」「〜を」「〜する」の順に単語を並べるところとか、日本語と似ている部分もあるけれど、文法的には異なる部分が多いんだ。2009年には、ユネスコによって消滅の危機にある言語と位置づけられたんだよ。

日本語と系統の異なる言語「アイヌ語」をはじめ、自然界すべてのものに魂が宿るとされている「精神文化」、祭りや家庭での行事などに踊られる「古式舞踊」、独特の「文様」による刺繍、木彫りをはじめとした工芸など、アイヌ民族は独自の文化を発展させてきたんだ。アイヌ民族の多くは北海道に住んでいるけれど、いまでは関東圏などの日本国内、そして国外にも居住しているよ。アイヌの人たちは長い歴史と自然の中で培われてきたものを大事にしながら、いまの時代に合った暮らしをしていているんだって。最近では新しいアイヌ文化も生まれてきているみたい。

今回ウポポイを訪問して、いまも先住民族の人たちが私たちとともに暮らしていること。こうした文化が大事に受け継がれていることを学ぶことができたわ。自然を大事に、自然とともに暮らすアイヌの人たちの考え方や文化は、私たちがこれからSDGsの問題に取り組んでいくうえで大きなヒントになりそうだね。

提供：公益財団法人 アイヌ民族文化財団

第4章

SDGsの達成に挑む企業に突撃インタビュー

教室でダイバーシティについて調べたり、話し合いをしているけんたたち。そこに先生がやって来て話しかけます。「企業や団体への取材、今年もやるんでしょ？」。しかし、けんたは「う～ん、いまはダイバーシティの勉強で忙しいしな～」とあまり乗り気ではありません。

そこに突然、SDGs博士が登場。「SDGsとダイバーシティはいわば“友だち”！ダイバーシティと一見関係のないように見える取り組みも、実はちゃんとつながっているんだ。ダイバーシティに力を入れる企業にも出合えるはずさ」。その言葉に4人は「そうなんだ！」と目を輝かせます。特にかずやは「企業や団体への取材、ぼくもやってみたいな。ビジネスとSDGsを両立する取り組みは、これから社会に出るぼくたちにとって大きなヒントになるはずだよ！」とノリノリです。

取材依頼書を企業や団体に送ると、4人のもとにはたくさんの「取材OK！」の手紙が届きました。「前回取材させてもらった企業さんからも回答があるな。えっ、こんな取り組みもしているの！？」、「ダイバーシティに取り組む企業もあるわ。すごく楽しみ！」。

企業・団体からの手紙を読んだだけで、すでにわくわくした気持ちを抑えられない4人。「よし、今回も気合いを入れてインタビューするぞ！」。けんたの掛け声で、勢いよく取材に出発します。

次のページからは、SDGsやダイバーシティの達成に挑む企業や団体の取り組みを紹介するよ。紹介されている内容を入口に、皆さん自身がそれぞれの取り組みをしっかり調べ、判断することが重要だよ！

Panasonic

WELCOME | パナソニックからの取材招待状

「エネルギーの地産地消」を沖縄・宮古島で始めました！みんな、見に来てね。

地産地消って、自分たちの街で獲れた野菜を、自分たちで使うってことだよね。「エネルギー」ってことは、電気とかを自分たちでつくるってこと？そんなすごいこと本当にできるの！？

冷蔵庫やテレビ、エアコンなどの身近な家電製品や、おうちの照明などの電気関連設備をつくっていたり、さらには家そのものもつくっていたりするよ。宮古島で活躍しているのは、太陽光発電パネルと、電力を使ってお湯を沸かす機械・エコキュート。もしかしたら、みんなのおうちでも使っているかもしれないね。

POINT 1

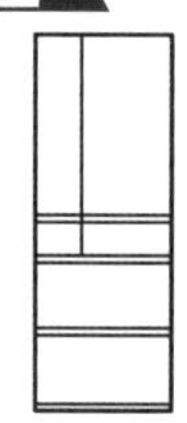

冷蔵庫、洗濯機、テレビ、エアコン…とあらゆる家電製品をつくっているメーカーだよ。

POINT 2

屋根の上に載っている黒いパネルを見たことあるかな？あのパネルで、太陽光を電力に変えているよ。

POINT 3

エコキュートはお風呂やシャワーで使うお湯を電力でつくっているんだ。

お湯を沸かすにも電気って使うんだね。家に電化製品がたくさんあるってことは、電気をかなり使っているんだろうなぁ〜。

ズバリ質問！

Q パナソニックさんのSDGsアクションは？

沖縄・宮古島で、安定した電力供給の仕組みづくりをスタート！

太陽光発電は、石油や石炭といった化石燃料を使わずに発電できて、地球温暖化の原因となる温室効果ガスを排出（はいしゅつ）しない、地球にやさしい発電方法だよ。でも、太陽光エネルギーを電気に変える発電方法だから、晴れの日中は発電してくれるけど、当然、太陽が出ていない夜や雨の日は発電できないんだ。みんな、夜も電気を使うよね？だから、昼につくった電力を貯めておいたり、昼にお湯を沸（わ）かしておいたりできないか、宮古島で実験を始めたんだ。戸建住宅1,000戸と事業所50か所に太陽光発電パネルなどを設置して、自分たちが使う電力を自分たちで生み出す、「エネルギーの地産地消」の実験を始めているよ。

1,000戸の家にパネルを取り付けるのは大変だけど、たくさんの電力が太陽光でつくり出せそう。「エネルギーの地産地消」ができれば、化石燃料を使う大きな発電所をつくらなくていいし、島の美しい自然を守ることもできて、一石二鳥だね！

TRIVIA | SDGs博士のひとくちトリビア

離島（りとう）である宮古島は、エネルギーの約97％を島の外からの化石燃料に頼（たよ）っていたんだ。2016年のエネルギー自給率は2.9％だったけど、2030年は22.1％、2050年は48.9％を目標に、取り組みをスタートしたよ。ゆくゆくはエネルギー自給率100％になることが理想だね。

Panasonic

「水素」の活用も視野に入れると世の中の仕組み自体がガラッと変わるかも！

太陽光発電と同じくらい、クリーンエネルギーとして注目されているのが「水素」だよ。水を電気分解して生み出すことができる水素が、エネルギーを生んでくれるんだ。しかも、水素を燃やしてもCO_2が発生しないから、いま世界中が目指している「脱炭素社会」「地球温暖化ストップ」の救世主になるかもしれないんだよ。パナソニックでつくっている「エネファーム」は、水素から電気やお湯をつくり出すシステムで、おうちに設置できる小さな発電所なんだ。

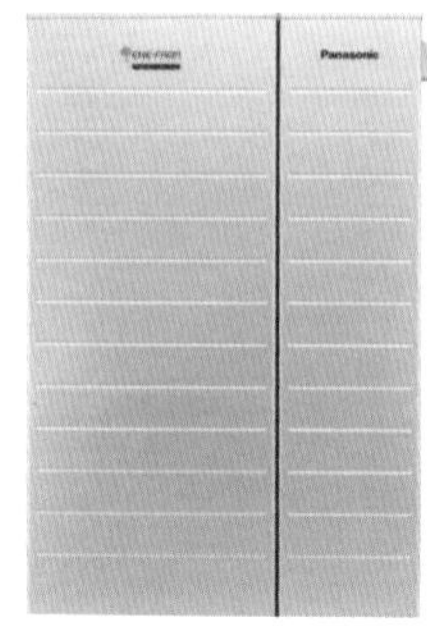

家庭用燃料電池「エネファーム」

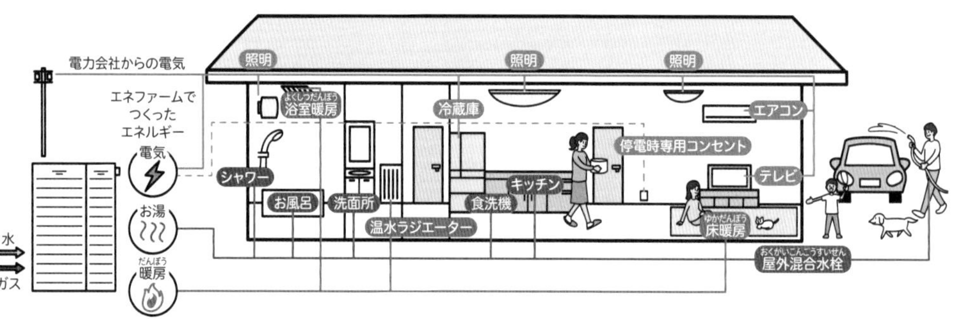

「エネファーム」についてくわしくはこちら！

電気ができるときの熱を使って、お湯も沸かすなんてすごく効率がいいシステムだね！

停電があっても発電できるから、もしものときも安心だね。断水になっても貯水タンクから生活用水を取り出せるんだって！

QUESTION ｜ 最後に西川さんから逆質問！

なぜパナソニックはSDGsに取り組んでいると思う？

あまり電気を使わないエコな製品を開発して、
地球に負担をかけないようにしたいのかな？

電気を使う量を減らすことはとても大切。だけどもうひとつ、使う電気をどう生み出すかということも大事なんだよ。私たちの最終目標は、世界中の電力を太陽光などの再生可能エネルギーから生み出せるようになることなんだ。そうなったら、地球への負担をぐっと減らせて、みんなも自然環境も幸せだね。

FUTURE ｜ パナソニックが目指す未来

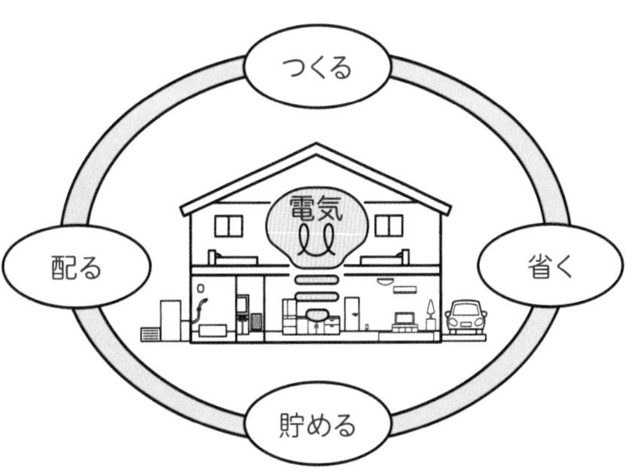

「より良い暮らし」と「持続可能な地球環境」の両立を目指しているよ。いま、ぼくたちは電化製品のおかげで便利な生活ができているよね。それをいきなり止めて、「明日から電気を使わず暮らしなさい」と言われても無理だよね。だからといって、このままの生活をしていたら、地球が悲鳴をあげちゃう。そうならないためには、使うエネルギーを極力減らして、それ以上のクリーンエネルギーをつくり出す仕組みをつくることが大切だと思うんだ。さらに、エネルギーを貯めておけたり、必要な場所へ配ったりできるようになると、エネルギーが無駄にならずに済むよね。みんなも、電気を無駄にしていないか、この電気はどうやって生み出されているのか、考えることから始めてみてね。

取材の感想

毎日色んな電化製品を使っているけど、その電力がどこからどうやって来ているのか、考えたこともなかったな。太陽光発電のエネルギーや、CO_2を出さない水素のエネルギーを使えば、地球環境にもやさしくて私たちの便利な暮らしも守られるなんて最高！でも、まずは無駄な電気を使っていないか、チェックすることから始めてみようかな。

WELCOME | 明治グループからの取材招待状

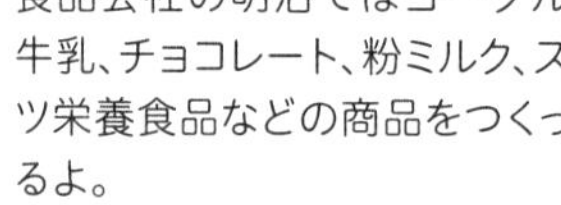

明治グループは、「食品」と「医薬品」の面からみんなのこころとからだの健康を支えているよ

食品

食品会社の明治ではヨーグルトや牛乳、チョコレート、粉ミルク、スポーツ栄養食品などの商品をつくっているよ。

医薬品

医薬品会社のMeiji Seika ファルマとKMバイオロジクスが協力して、感染症の治療薬、ワクチンを開発から販売まで行っているよ。

SLOGAN | 「健康にアイデアを」

明治グループでは、2021年5月に「健康にアイデアを」というスローガンを発表したの。食や医薬に関する製品やサービスを通してmeijiらしい健康価値であるCURE、CARE、SHAREという考え方のもと、健康であることの幸せを周囲に拡げ、人や社会、そして地球が健康であるより良い未来を目指しているよ。

❶CURE

"なおす"。自慢の技術力を使って開発する治療薬で、困っている人たちを健康な状態にするお手伝いをしているよ。

❷CARE

"まもる"。ワクチン接種や健康を支える食品を届けることで、みんなの日々の生活を守っているの。

❸SHARE

"わかちあう"。みんなの健康や笑顔につながる食品や医薬品の情報を知ってもらう機会や場所をつくっているよ。

明治って聞くとお菓子のイメージが強いから、医薬品に関わるお仕事もしているなんて知らなかったな～！医薬品でのSDGsアクションって、どんなものなんだろう？

❶CURE（キュア） 病気になったこころとからだを“なおす”ために

ニシリン」
ニシリンを
抗菌薬（こうきんやく）の
防いだりす

ペニシリンが入っているびんを持った女性

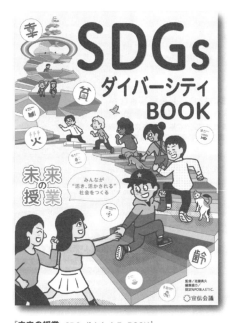

Seikaファルマさんの
アクションは？

す薬の

ある
なく、
がわ
総合
外生
して、
みも

薬ができれば患者（かんじゃ）さんを助ける
医者さんなど医療従事者（いりょうじゅうじしゃ）の人
らせるかもしれないね。新しい
ことでいろいろな人たちを助け
守ることができる。それがみんな
を幸せにすることにつながるんだね。だから、社員
の皆（みな）さんはがんばって取り組んでいるんだね。

健康にアイデアを
kmb
KMバイオロジクス株式会社

❷CARE みんなの健康と安全安心な暮らしを“まもる”製品づくり

KMバイオロジクスでは、インフルエンザなどの感染症からみんなを“まもる”ためのワクチンの研究開発をしているよ！ 実は人だけじゃなくて、牛や鶏、豚などの家畜動物たちや、ペットとして愛されている犬や猫の病気に対するワクチンもつくっているんだ。みんなの健康なからだと安全な食生活、そして安心して過ごせる日々の暮らしも守っているよ。

ズバリ質問！ **Q KMバイオロジクスさんのSDGsアクションは？**

世界の未来を明るくする新型コロナウイルス感染症の国産ワクチン

日本でも新型コロナウイルスの感染を防いだり、重い症状になるのを防いでくれるワクチンの接種が進んでいるよね。これから先も新型コロナウイルスからみんなを守り続けるために、国産のワクチンを開発しているんだ。実用化に向けた試験なども進んでいて、みんなのところに一日でも早く届けられるようにがんばっているよ。

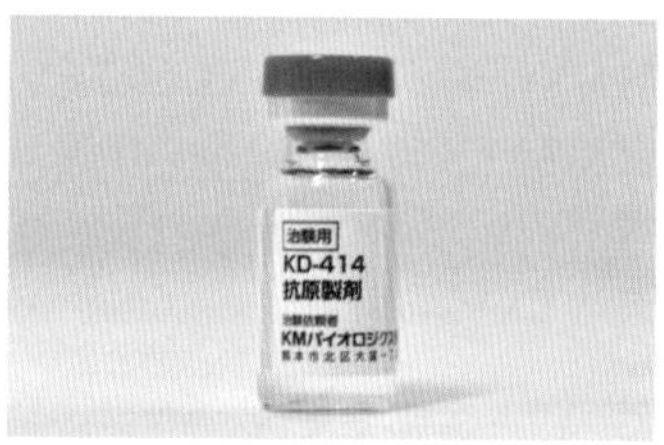

取材の感想

いまは、ドイツやアメリカなどの海外でつくられたワクチンが日本やいろいろな国で使われているけど、日本製のワクチンができて接種できるようになったら、もっとたくさんの人々を新型コロナウイルスから守ることができるんだね。そうなればとっても誇らしいな。

③SHARE 日々の生活に寄り添う 食の面白さや大切さを“わかちあう”

明治では、スーパーマーケットやコンビニエンスストアでも販売しているヨーグルトや牛乳、チョコレート、粉ミルク、スポーツ栄養食品などの商品をつくっているよ。毎日の食生活で、こころとからだが健康になれるような健康習慣の提案も行っているの。

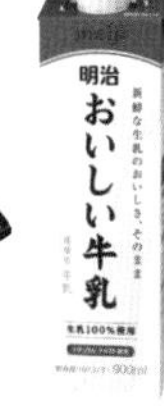

ズバリ質問！

Q 明治グループさんのSDGsアクションは？

のべ100万人近くの子どもたちに広がっている 楽しく学ぶ「食育」活動

私たちの生活に身近な食品について、おいしく食べてもらうだけじゃなく生産の背景やからだとのつながりを知ってもらう「食育」活動をしているよ。特にチョコレートや牛乳について、学校やオンラインでクイズなどを交えながら楽しくわかりやすく学んでもらう「出前授業」が大好評だよ！

FUTURE | 明治グループが目指す未来

新型コロナウイルスの影響もあって、自分や周りの人の健康を考えることがとっても増えたよね。同じように私たちも、世界中の人々のこころとからだの健康をサポートしていきたいと思っているの。食品と医薬品の2つのチカラで、毎日が笑顔であふれる未来になったらうれしいな。

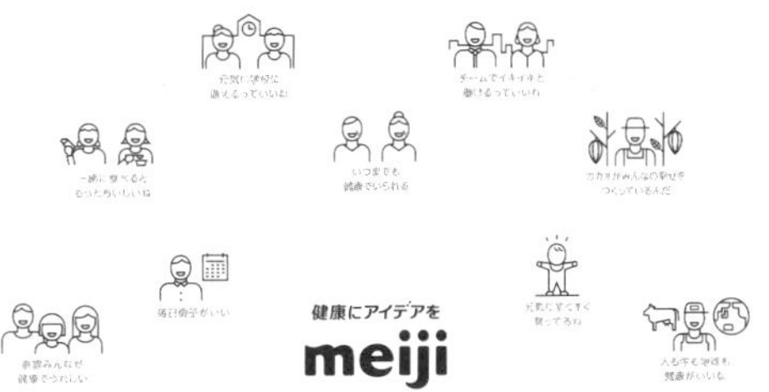

取材の感想

世の中の人たちが健康に“ふつうの生活”を送れるのは、こうやってがんばってくれている人たちがいるからなんだね。誰かの病気を治したりすることはできないけど、きちんと感染症の予防をしたり、毎日の食事を大切にする気持ちをみんなとシェアすることで、“ふつうの生活”を守るお手伝いができるかな？

indeed

WELCOME | Indeedからの取材招待状

昨日の「当たり前」が、今日には変わっているかも？誰もが自分らしく働ける未来は「当たり前」の先にあるんだよ。

ぼくたちにとっての当たり前って、「学校で勉強しなきゃいけない」とかそういうこと？宿題が少なくなったりしたらうれしいけどな～。

Indeedは世界No.1*の「求人検索エンジン」。インターネット上のさまざまな求人情報を集めて、仕事を探している人に情報を提供しているよ。誰もが幸せな人生を送るための「仕事探し」をサポートするとともに、私たち自身も働き方の見直しに取り組んでいるよ。実は、日本は「ジェンダーギャップ指数2021」で156カ国中120位。男女の違いで生じる格差の解消が世界的に見て進んでいない国なんだ。だから不平等を作り上げている“現在の当たり前”を見直す必要があるんだよ。

＊Comscore 2021年3月 総訪問数

POINT 1

「求人検索エンジン」は、やりたいこと・働きたい地域を入力するだけで、自分に合った仕事を見つけることができるよ。希望する仕事に“誰でも”“平等に”出会えるんだ。

POINT 2

Indeedでは格差解消のため「2030年までに社内の男女割合を平等にする」目標を掲げているよ。

女子と男子で差があるの！？私たちの学校ではそんなに変わらないように感じるけど、これからどんどん差が出てきて私がやりたい仕事ができなくなったら嫌だな…。

ズバリ質問！

Q Indeedさんの SDGs アクションは？

無意識に偏った見方になっていない？ アンコンシャスバイアス研修

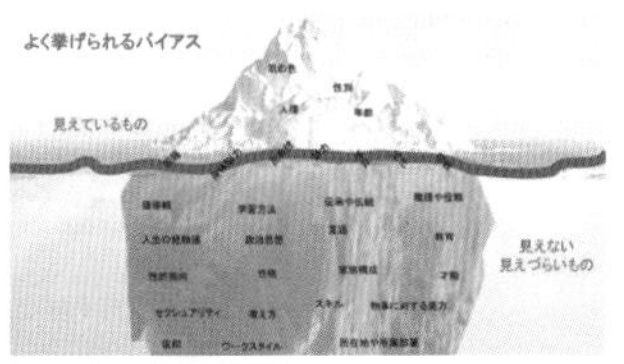

「男の子はこうあるべき」「女の子だから」など、悪意無く決めつけてしまう「アンコンシャスバイアス（無意識の偏見）」という言葉を知っている？これはとても身近な問題で、誰もが当事者になる可能性のあることなんだ。だから、まず社内から思い込みや偏見をなくすため、社員研修でその存在を知って対処・回避できるように教育しているよ。こうした小さな“気づき”の積み重ねが、男女平等などへの第一歩なのさ。

誰もが働きやすい社会の実現を目指す「Indeed Rainbow Voice」プロジェクト

このプロジェクトでは「ダイバーシティのある働き方を」をテーマに、LGBTQ+の人たちが差別を受けることなく、公平に仕事探しの機会を得たり、働きやすい環境を持つ職場を増やしていくことを目指してさまざまな取り組みをしているよ。悩みを抱える人たちの声を聴き、同じ悩みを抱えながらもさまざまな分野で活躍している人たちとのオンライントークを開催。さらにその後、ダイバーシティのある働き方を考え議論した「Indeed Rainbow Voice アフタートーク」という映像を公開しているよ。

Indeed Rainbow Voice アフタートークはYouTubeでも視聴できるよ！

FUTURE | Indeedが目指す未来

私たちのミッションは、「We help “all” people get jobs.」、世界中すべての人が自分らしく働ける仕事に就くことだよ。そのために仕事探しに関わるあらゆるバイアス（偏見）をなくしていこうとしているんだ。ほかにも、Indeedでは男性社員が当たり前に育児休業を取れる環境になっていて、1年間で50人以上も取得しているんだ。実は私自身も取得したうちのひとり。こうした部分から、働き方の多様化が進んでくれるとうれしいな。

取材の感想

Indeedで働くお父さんたちは、育児に参加するために仕事を休むのが当たり前になっているんだね。「育児は女の人の仕事」と思い込んでいたけれど、それがまさに「アンコンシャスバイアス」なのか。みんながいきいきと暮らせる社会にするためにも、オレも性別や立場に関係なくいままでの決めつけに疑問を持つことから始めてみるよ。

KJK 神奈川県住宅供給公社

WELCOME | 神奈川県住宅供給公社からの取材招待状

みんなは、自分が住んでいるまちが好きかな？人も地球も笑顔になれる住まいづくりを見に来てね！

私の住む街（まち）は、海も山もあって大好き！みんなが笑顔になれるまちづくりって素敵だけど、どんな方法で実現するのかな？

私たちは、神奈川県内に団地やマンションなどの賃貸住宅を111か所・約13,300戸、老人ホーム7施設（しせつ）・969室を提供している会社だよ。私たち「公社」の役割は、住宅を建てたり貸したりすることによって生まれた利益で、街（まち）や社会をもっと良くしていくこと。みんなが安心して暮らせるまちづくりや、子どもからお年寄りまで笑顔があふれるコミュニティづくりに取り組んでいるんだ。

POINT 1

これまでに何千世帯もの人が住む大きな団地をいくつも建設

POINT 2

世代を超（こ）えたコミュニティを支援（しえん）します

「建てて終わり、貸して終わり」じゃなくて、良い街（まち）・良い社会をアップデートにするために、住まいに関するいろいろなことを幅（はば）広くサポートしているんだね。具体的にどんなことをしているのか聞いてみよう！

ズバリ質問!

Q 神奈川県住宅供給公社さんのSDGsアクションは?

神奈川県・二宮町で
みんなに愛されるまちづくりをサポート

少子高齢化が進んだ神奈川県・二宮町に活気を取り戻すために、築50年の「二宮団地」を中心としたまちづくりに取り組んでいるよ。例えば、若い人にも二宮団地に引っ越してきてもらえるようにお部屋をリノベーションしたり、商店街の空き店舗に交流スペースをつくったり。ほかにも二宮町に移住を検討している人たちが二宮団地に宿泊できる「お試し移住」を実施したりと、二宮で暮らすことの魅力を発信しているんだ!

地産地消×リノベーション。床材やキッチンには隣の小田原市の杉を使っているよ

二宮団地の近くにある田んぼで行われた田植え体験イベントには県外からの参加者も!

太陽光で年間2,870世帯分の電力を発電!
&伐採木を活用して温もりのある住まいづくり

環境にやさしい社会を目指して、神奈川県・中井町・民間事業者と提携し、大きな太陽光発電事業を展開(2015年4月発電開始)!ここでは1年間で一般家庭2,870世帯分の電力を発電できるんだ。ソーラーパネルを設置するときに伐採した木は加工製材して、賃貸住宅や子育て支援施設の内装に有効活用したよ。

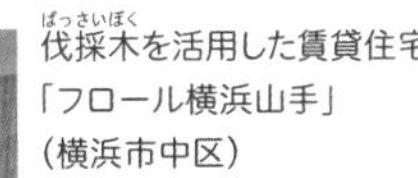
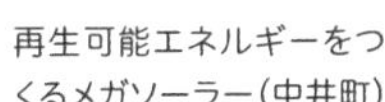
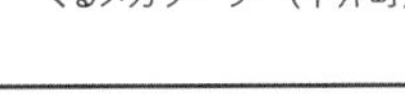

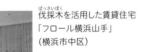

伐採木を活用した賃貸住宅「フロール横浜山手」(横浜市中区)

再生可能エネルギーをつくるメガソーラー(中井町)

FUTURE | 神奈川県住宅供給公社が目指す未来

環境のために、建物を長く大切に使うことはとっても大事なことなんだ。私たちはこれからもみんなが大きくなっても快適に使い続けられるような建物や、いろいろな人たちが交流し、温かいコミュニケーションが生まれるような住まいをつくっていくよ。

取材の感想

こうした取り組みがきっかけになって、街の若者やお年寄りが「もっと盛り上げよう!」と一致団結するんだね。ぼくたちの街も、住民みんなで話し合って協力すれば、二宮町みたいにもっと活性化するんじゃないかな?まずはぼくたちの住む街の好きなところについて考えてみよう!

WELCOME | カンコー学生服からの取材招待状

地球とみんなの未来のために、学校の制服・体操服メーカーである私たちができること。そして、みんながおきることってなんだろう？一緒に考えてみよう！

毎日当たり前のように制服や体操服を着ているけど…。
それと私たちの未来って、どんな関係があるんだろう？

カンコー学生服は、学校の「制服・体操服」をつくる会社として、子どもたちが自分らしく生きる力を育てる「ひとづくり」に取り組んでいるよ。例えば、みんなの学校でＬＧＢＴＱに関する講演会を開催したり、ものづくり体験を通して自分が将来働いている姿を想像してみたり。みんながワクワクする未来を描くためのお手伝いをしているんだ。

POINT 1

トランスジェンダー当事者で俳優・講師の西原さつきさんによる講演会

POINT 2

産学連携実学体験プロジェクトでの岡山南高校「多機能防災用ポンチョ」企画

この間、ぼくたちの学校にも西原さんが講演会に来てくれたよね！
同じ制服を着ていても、一人ひとり違う。「男らしく」とか「女らしく」じゃなくて、「自分らしく」生きることが大切なんだって。かっこいい！

ズバリ質問！

Q カンコー学生服さんのSDGsアクションは？

誰もが心地良く着られる多様性に配慮した制服づくり

私たちがつくっているのは、生徒一人ひとりの、心と身体の個性を尊重できる制服。例えば、上着の前合わせボタンを左右どちらでも留めることができる男女兼用の制服を開発して、服装による男女の区別をなくしたり、車椅子ユーザーも着脱しやすい制服を開発したり。どんな人が着ても違和感なく、心地良く着られる制服をつくっているんだ。

国籍・障がい・体型・LGBTQなどさまざまな学生が1つの学校で同じ外観の制服を着ることができるんだよ！

着ることで温暖化対策になる制服・体操服

みんなが快適な学校生活を過ごせるように、夏は涼しい、冬は暖かい制服を研究していたら、エアコンに頼り過ぎずに体温調節できるエコな制服が完成したんだ。ほかにも植物由来のポリエステル繊維（サトウキビ）を使って、環境に配慮した体操服をつくって、地球温暖化対策にも貢献しているよ。

「サトウキビ」の廃糖蜜を使ってつくられた体操服はかっこよくて、着心地もいいんだよ！

FUTURE ｜ カンコー学生服が目指す未来

いろいろな個性を持つ子どもたち一人ひとりが、自分に自信を持って毎日を過ごせるように。考えるだけでワクワクドキドキするような夢を描けるように。「自分らしく」生きることのできる社会づくりのために、みんなの学校生活に寄り添っていきたいな。

取材の感想

みんな同じように見える制服も、誰もが心地良く着られるように、細かいところでたくさんの工夫が施されているんだね！招待状に書いてあった「みんなができること」って、自分らしく生きることができるように、自分や周りの人の個性を認め合うことなんじゃないかな。

NGK スパークプラグ NTK ニューセラミック 日本特殊陶業

WELCOME 日本特殊陶業からの取材招待状

身近な自動車から、はるか向こうの宇宙まで！みんながアッと驚く「セラミックス」の技術で、サステナブルな社会を実現していくよ。

宇宙に関係するってことは、すごく注目されている技術なのかなぁ？
どんなところがすごいか、早く知りたい！

私たちは、1936年からセラミックスという素材を使って、自動車に欠かせない「センサ」をはじめとした部品や自動車・飛行機づくりに必要な工具、半導体づくりに必要な部品などをつくっているんだ。中でも自動車部品の「スパークプラグ」は、高電圧や熱衝撃、振動、衝撃波など、さまざまな環境に耐えて力を発揮するすぐれもの！こうした抜群の性能があるからこそ、私たちがつくる「スパークプラグ」は、世界で一番使われているんだよ。

POINT 1

セラミックスの技術は世界中を走る自動車や未来の自動車づくりを支えているんだ。

POINT 2

半導体づくりで活躍する「静電チャック」。静電気の力で繊細な素材をピタッと固定！

スパークプラグやセンサはおうちの人が毎日乗っている自動車にもついているかも！セラミックス製のこれら部品を使って、SDGsにすでに貢献していたのかもね。

Q 日本特殊陶業さんのSDGsアクションは？

“小さな雷”で自動車のエンジンは動いている!? 小さな部品が地球にやさしい運転をサポート

自動車はエンジンの中で燃料を爆発させることで走るって知ってた？燃料をちゃんと爆発させるのが、スパークプラグで発生する2万～3万ボルトの電気なんだ。雷と同じくらいの電気を小さな部品がつくるからびっくりだよね！あと、排気ガスをモニターしているセンサは、自動車がCO_2を無駄に排出せずに走っているかをチェックするすごい部品なんだよ。

スパークプラグ

排気ガスの酸素を測るセンサ

2022年*、宇宙を舞台にした実験へ！「電気をつくり、電気を貯める」技術で未来を支える

80年以上にわたってものづくりをしてきた技術を使って、未来のエネルギー社会を支える電気をつくる燃料電池、電気を貯める固体電池を開発しているんだ。2022年*からは、なんと月面で固体電池の性能をチェック！きびしい環境に耐えられることがわかれば、ロケットなど色んなもののエネルギー源として活躍していくはずだよ。

（*2021年10月時点の想定）

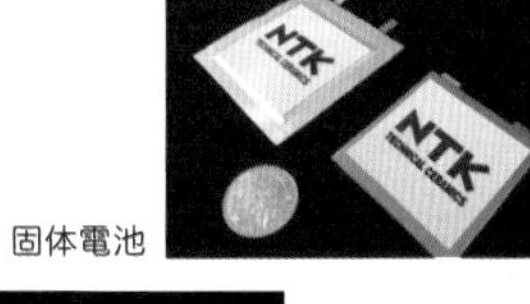

固体電池

民間月面探査プログラム「HAKUTO-R」

FUTURE ｜ 日本特殊陶業が目指す未来

セラミックスの技術を中心に、社会のため、地球環境のためになる製品を開発してきたけれど、「セラミックス以外」の技術もどんどん取り入れていきたいんだ。みんなも得意なことから離れて、初めてのことをするって勇気がいるよね？私たちもドキドキしているけれど、新しい技術を勉強しながら、人間も動物も自然も幸せに暮らせるサステナブルな社会を実現するよ。みんな、見ててね！

取材の感想

自動車に欠かせない部品や未来の電池とか、世の中の役に立つ製品をたくさん開発してきたのに、それにこだわらないものづくりができるってすごい！私はなんでも慎重に行動していたけれど、日本特殊陶業さんを見習って、新しいことにも勇気を出して挑戦してみたいな！

WELCOME | 日本ガイシからの取材招待状

電力をたっぷり貯められる「NAS®電池」が"カーボンニュートラル"を支えているよ!

「NAS®電池」にはすごい技術が詰まっているってけんたたちから聞いているよ!大きな電池が地球温暖化を防止する"カーボンニュートラル"に、どんなふうに役立っているんだろう?

太陽光や風力をはじめとした再生可能エネルギーは、地球にやさしいけれど、天候に左右されるのが課題なんだ。そんな気まぐれなエネルギーを無駄なく蓄電して安定化できるのが、私たちがつくっている「NAS®電池」。地球をクリーンにする電池として世界中で活躍しているよ。日本ガイシは、"カーボンニュートラル"やデジタル社会に必要なキーパーツなど、世の中に欠かせないセラミックスをつくっている会社なんだ。地球環境と暮らしをより良くしていく技術で、世界中の課題に向き合っているよ。

POINT 1

街ひとつ分の電力を貯める「NAS®電池」、ビルひとつ分の電力を貯める亜鉛二次電池「ZNB®」、薄くて小さいのに大容量のリチウムイオン二次電池「EnerCera®」。いろいろな蓄電池をつくっているんだ

POINT 2

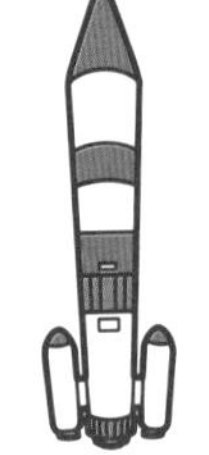

日本最大のロケット発射場「国立研究開発法人宇宙航空研究開発機構(JAXA)種子島宇宙センター」でも「NAS® 電池」が活躍中!

色んな個性のある電池を開発しているなんてすごい!その技術や製品のおかげで、私たちは快適な生活を送れているのね。

ズバリ質問！

Q 日本ガイシさんのSDGsアクションは？

食べ物だけじゃなくて○○も地産地消の時代！ 再エネを最大限に活用して、「ゼロカーボンシティ」の実現へ

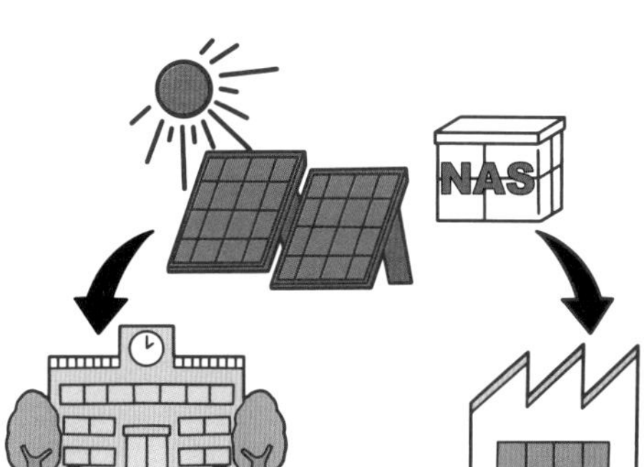

日本ガイシはいま、岐阜県恵那市で「ゼロカーボンシティ」の実現に向けた新しい取り組みに挑戦しているんだ。「ゼロカーボンシティ」とは、2050年までにその地域のCO_2排出量を実質ゼロにすること。そのカギになるのが「NAS®電池」。太陽光などの再エネで発電し、「NAS®電池」に電気を貯めて、市役所や小中学校、地域の工場などにおくる。つまり、恵那市で生まれた電力を恵那市で使う「エネルギーの地産地消」なんだ。ものづくり会社の私たちにとって、地域の暮らしを支える電力ネットワークをつくるのは大きなチャレンジだけど、みんなワクワクしながら取り組んでいるよ。

FUTURE ｜ 日本ガイシが目指す未来

これから先、地球温暖化が進むと台風や洪水などの自然災害が増えて、蓄電池はそんなときの非常電源としても期待されているんだ。でも、地球温暖化に“備える”だけではまだまだ。私たちが目指すのは、「ゼロカーボンシティ」の取り組みや独自の技術・製品を世界中に広めて、地球温暖化に“ブレーキ”をかけること。“日本ガイシだからこそできる”方法で、みんなが幸せになれる世界をつくっていくよ！

取材の感想

「エネルギーの地産地消」の仕組みがあれば、CO_2排出量をできる限り抑えた環境にやさしい暮らしができるようになるね。それに、自分たちの街でつくられた電力だと、もっと電気を大事に使いたいって思えそうだな～。そんな小さなことの積み重ねが、いまの私たちにできる地球温暖化にブレーキをかける大事なアクションかも！

Nestlé. Good food, Good life

WELCOME | ネスレ日本からの取材招待状

お菓子売り場に並んでいる、「キットカット」の大袋のパッケージを見たことがあるかな？未来のことを考えて、袋の素材を“あるもの”にチェンジしたんだよ。

とってもおいしいよね！家族や友だちと分け合って食べることがあるよ。そう言われてみれば、少しザラザラとした袋を使っているような…。未来のために、世界中の仲間たちとどんな取り組みをしているんだろう？

ネスレの本社はスイスにあって、世界中でお菓子やコーヒーなど、いろいろな商品を製造、販売しているよ。各国で自然環境を考えたさまざまな取り組みを行っていて、ネスレ日本では海洋プラスチックごみの課題解決に向けて、2019年から「キットカット」大袋の外袋パッケージをプラスチックから紙製に変更したんだ。

POINT 1

「キットカット」は世界100か国以上で販売されているイギリス発祥のお菓子。世界中で愛されているんだ。

POINT 2

パッケージの折り鶴は、日本の伝統から生まれたアイデアだよ。

あのパッケージは紙からできていたんだね！破れにくいように工夫されているんだって。新しい外袋に変わっても、おいしさや見た目は変わらないね！すごい！

ズバリ質問！

Q ネスレ日本さんのSDGsアクションは？

プラスチックごみ問題に取り組むとともに、一人ひとりが考えるきっかけをつくる

ネスレでは、2025年までに製品の包装材料を100%リサイクル可能、あるいはリユース可能にするという目標を掲げているよ。いま、海洋プラスチックごみ問題が課題になっているよね。海が汚れてしまうだけじゃなく海の生き物たちや私たちの生活に悪い影響が出ることも。

そんな状況を解決するために試行錯誤を繰り返しながら、まずは日本国内で販売されている「キットカット」の外袋を紙に変更することから始めたんだ。「キットカット」の外袋を紙に変えてから2020年末までで、約420トンのプラスチックを減らすことができたんだ。

また、紙を使うことでメッセージが書けたり折り紙にして折り鶴がつくれたり、コミュニケーションの道具としても役立ててもらえるよ。

そのほかにも、YouTubeで環境について考えてもらう動画プロジェクト「#キットずっとプロジェクト」も実施しているよ。

日本で1年間に捨てられるプラスチックごみ

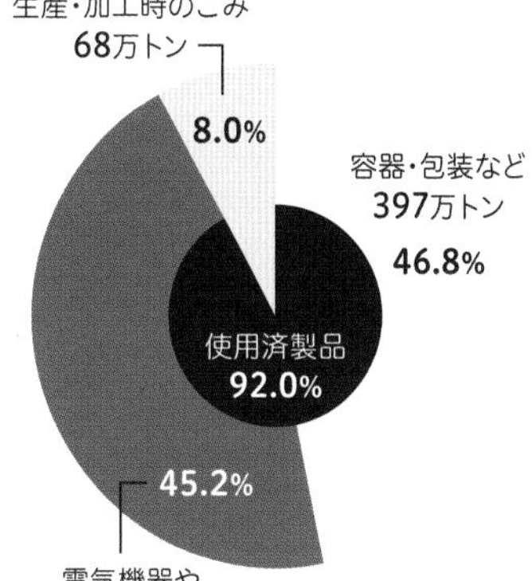

日本で捨てられているプラスチックごみの量の約半分が容器や包装なんだ。

「#キットずっとプロジェクト」をもっとくわしく知りたい人はYouTubeへ！

FUTURE | ネスレ日本が目指す未来

みんなの生活の中ですごく身近な存在であるお菓子や食品から、環境問題に気づけるきっかけをつくり出せたらいいなと思っているよ。「なんで紙のパッケージなんだろう」と思ってくれるだけでもうれしいし、パッケージで折り鶴を楽しくつくることも考えるきっかけになるんじゃないかな。

取材の感想

環境のことを考えるって難しそうだけど、みんなが親しみやすい方法で気軽に楽しく学べるようにサポートをしているんだ。今度、鶴を折って家族や友だちにプレゼントしてみようかな！オレも「環境のことを考えた商品」を選ぶようにしよう。

WELCOME ｜ ハウス食品グループ本社からの取材招待状

私たちの「カレーでSDGs」の取り組みがパワーアップ！さらに広がったSDGsアクションを見に来てください！

前回のインタビューのあとに、「バーモントカレー」と期限が近づいた食材でカレーをつくって食べたよ！家族からも大好評でうれしかったな〜。

カレーやシチュー、スパイス、お菓子を通して、みんなの楽しい食事の時間をつくっている企業です。楽しいだけじゃなくて、みんなの健康のことも考えていて、カロリー・脂質オフの製品や、減塩の製品もつくっているんだ。「咖喱屋カレー」「プロ クオリティ」などのレトルトカレーや、グループ会社には「カレーハウスCoCo壱番屋」もあるから、私たちが気持ちを込めてつくったカレーをぜひどこかで食べてほしいな。

POINT 1

昔、カレーは辛い大人の食べ物でした。「子どもも大人も一緒に食べられるようにしたい」という願いから生まれた「バーモントカレー」は、50年以上の歴史があるよ。

POINT 2

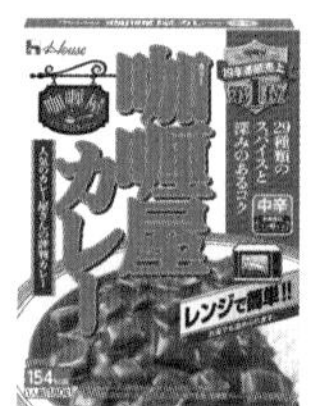

レトルトカレーは温めるだけでいろいろな種類のカレーが食べられるよ。長持ちするから、非常時用の備蓄品にもピッタリ。備えあれば憂いなしだね。

私もカレー大好き！家でもよく食べるよ。カレーを食べながらSDGsに取り組めるなら最高だけど、そんなに簡単なことじゃないよね…？

Q ハウス食品グループ本社さんのSDGsアクションは？

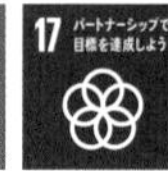

レトルトカレーを“レンジ調理”で温める！ 調理時間を短く、CO_2排出量も減らせるんです

レトルトカレーは湯せんで温めるものが多かったけれど、「プロ クオリティ」や「咖喱屋シリーズ」は2021年のリニューアルでパウチや箱ごとレンジで温められるようになったよ。便利さだけじゃなくて、おいしさにもこだわっているんだ。調理時間が短くなって、調理時のCO_2排出量も約80%*減らせるよ！

＊湯せん、レンジ調理それぞれの調理時間をもとに排出されるCO_2をハウス食品グループで算出。
（国際的なルールに沿って、省庁のガイドラインなどを参考）2019年度販売個数をもとにした加重平均値。

工場には太陽光発電パネルがズラリ！ 環境にやさしいカレーづくりに向けた一歩です

咖喱屋シリーズをつくっているハウス食品の静岡工場では、約5,000枚の太陽光パネルを設置しているよ。面積はおよそ国際試合で使われるサッカーコートよりひと回り大きいくらいだよ！2021年の4月から動いていて、1年間の発電量は約1,477千kWhで、約700トンのCO_2排出量削減効果を見込んでいるんだ。

ハウス食品グループの「持続可能な地球環境」を実現するための取り組みはこちら

FUTURE｜ハウス食品グループ本社が目指す未来

人と地球、どちらの健康も大事だと考えているよ。いくら地球を守るためといっても、みんなの笑顔がなければ続けられないと思うんだ。おいしくカレーを食べながら、地球の資源を守り、環境を守っていくことができれば、人も地球もハッピーだよね。小さなことからちょっとずつ、一緒に取り組んでもらえるとうれしいな。

取材の感想

食に携わる企業としておいしくて便利な製品づくりに力を入れるだけじゃなくて、環境活動にも取り組んでいるってかっこいい！レンジで温めるレトルトカレーなら、ぼくにも調理できそう。今度のお休みの昼ごはんは、ぼくがつくろうかな！

The bank for a changing world

WELCOME | BNPパリバ・グループからの取材招待状

世界中の国や企業が行う、環境にやさしい取り組みを応援！未来につながる「サステナブルファイナンス」

う〜ん、サステナブルファイナンスってなんだろう？
SDGsに取り組む世界の国や企業を支えているのかな。

「サステナブルファイナンス」とは、気候変動などの環境問題や人権問題、貧困といった、社会問題の解決を金融面から支える取り組みのことだよ。
私たちは、その取り組みをしているフランスのパリに本社を置く世界を代表する金融機関のひとつ。世界各国に拠点があり、日本では150年以上も前、幕末に最初の店舗を開設。現在は証券、銀行、資産運用、保険のビジネスを通じて企業を「金融」という仕組みを使ってサポートしているよ。
SDGsができるずっと前から気候変動対策などに取り組み、新たな時代の"当たり前"をつくることを目指しているんだ。

BNPパリバ パリ本社

世界68か国に拠点があって、グループ全体で19万人、170か国の国籍の社員が働いているみたい。色んな国籍や文化を持った人たちがいるんだね！

ズバリ質問！

Q BNPパリバ・グループさんのSDGsアクションは？

みんなの“得意”が世界を変える！ ダイバーシティを実現する職場

みんなのクラスには「短距離走が得意な人」、「理科が得意な人」など、人それぞれ“得意”なことを持っているよね。私たちBNPパリバ・グループもまったく同じ。多様な社員がそれぞれの得意を活かすことで、新しいアイデアや変化を生み出しているんだ。

世界に先駆けて、脱炭素社会実現のためにエネルギー転換のサポートをしているよ

BNPパリバ・グループでは、環境問題も意識しているんだ。最近だと、電気自動車（EV）のバッテリーをつくっているスウェーデンの工場を、世界で初めて「企業」でなく「プロジェクト」を対象としての支援を実施したんだ。地球にやさしいバッテリーをつくる会社を、世界に先駆けた新しい金融の仕組みをつくってサポート。これもすべて、私たちが住む地球が今後も持続していけるように、という想いからなんだよ。

脱炭素社会に貢献する会社を、色んな個性を持ったメンバーたちが支えているよ！

FUTURE ｜ BNPパリバ・グループが目指す未来

持続可能な世界を実現するために、私たちの生活や街のあり方など色んな面を新しくしていく必要があるんだ。そんな未来を実現するために、変化に取り組む企業をいろいろな方法で応援するのが金融機関の使命。「The bank for a changing world」を合言葉に、これまでもこれからも変化を続ける社会をリードしていくよ。

持続可能な未来に向けてがんばっている世界中の企業をサポートしているんだね！色んなチャレンジの成功を裏から支えるのは、まさに「縁の下の力持ち」！かっこいいなあ！
私もいつか、良い方向に向かっていく世界の変化を手助けできるように、いまからいろいろなことにチャレンジしよう。

WELCOME ｜ マルハニチロからの取材招待状

海に囲まれた日本の食卓は、海の食材に支えられているの。私たちは、みんなもよく知っている「マグロ」を通したSDGsの活動をしているよ！

うちの魚屋でも日本近海で獲れた魚をたくさん売っているよ！
でも、マグロとSDGsって、どう関係しているんだろう？

私たちは140年以上続く会社で、お弁当やおうちで食べる冷凍食品や、サバ缶などの缶詰をつくって世界中においしさを届けてきたの。ほかにも、スーパーの魚コーナーに並んでいるマグロなどの魚介類や回転寿司のネタも届けているから、みんなもいろいろなところで私たちの商品を食べているかもしれないね！

POINT 1

国内で買われているサバ缶の27%、
サケ缶は80%がマルハニチロの商品だよ。
＊出典：（株）インテージ2020年4月～2021年3月のSRIデータ

POINT 2

冷凍食品は電子レンジで温めたり、
お弁当に入れて自然解凍したりする
だけで簡単に食べられるよ。

いろいろなかたちでおいしい海の食材を届けてくれているんだね。
どれも食べたことがあるよ～！とってもおいしくて大好き！

ズバリ質問!

Q マルハニチロさんのSDGsアクションは?

豊かな海の資源を未来につなぐため、マグロの命のサイクルをつくり出す!

これからもみんなにおいしい商品を届けていきたいけれど、限りある海の資源をどう守っていくかが課題なんだ。いま、世界中で日本食ブームや健康志向の高まりから、マグロの消費量が増えているよ。マグロの量が減るのを防ぐために、獲る量を制限するルールがつくられているの。そこで私たちは、自分たちで育てたクロマグロから卵をとってふ化させて育てる「完全養殖」を行っているよ。海にいるマグロの数を保ちつつ、みんなにおいしいマグロを届け続けるためのアクションなんだ!

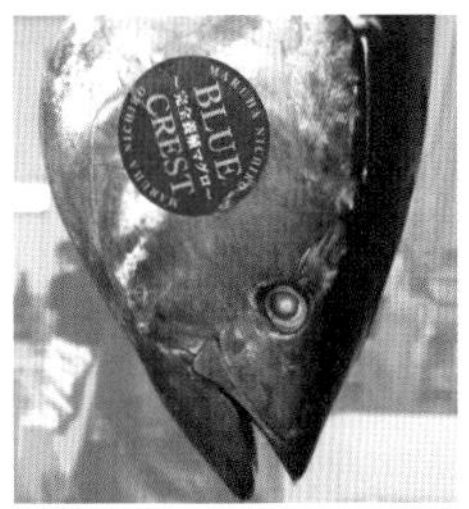

民間企業で初めて、クロマグロの完全養殖に成功したんだ!

捨てられてしまっていた食品から、マグロのエサやエネルギーが生まれる!?

これまで、サバなどの缶詰をつくるとき、商品には使えない頭や内臓などは捨ててしまっていたの。地球からの恵みである海の資源を無駄なく使いきるため、捨てていたところを完全養殖のクロマグロのエサに加工したり、工場で発生した食品廃棄物をバイオガス発電の材料として再利用したりしているんだよ。

バイオガス発電によって食品廃棄物を再生可能エネルギーとして利用できるんだ。

FUTURE | マルハニチロが目指す未来

この先もずっと、世界中の人においしさを届けて笑顔になってもらえたらうれしいな!そのために、海の恵みを絶やさず未来につなげる仕組みをつくっていくよ。完全養殖クロマグロのほかにもMSC、ASC認証※の水産物の取り扱いを増やすことをすすめているんだ。みんなもスーパーマーケットに行ったときには、MSC「海のエコラベル」やASCのロゴがついた商品を見つけてみてね。

※MSC認証…天然の水産物を対象にした環境にやさしい持続可能な漁業への認証。
ASC認証…環境や地域社会、人にやさしい責任ある養殖業への認証。

取材の感想

将来、マグロやほかの魚がいなくなったら、おいしい魚料理が食べられなくなるし、うちの魚屋の仕事がなくなっちゃう。そんな未来、ぜったいに嫌だ!オレもただ魚を食べるだけじゃなくて、自然環境を守りながら獲られたり育てられた食材を選ぶように、みんなにも教えてあげよう!

三井住友トラスト・アセットマネジメント

WELCOME ｜ 三井住友トラスト・アセットマネジメントからの取材招待状

私たちは投資のプロフェッショナル！素敵な未来をつくろうとする企業を投資で応援しているよ。

卓球をしているときにみんなから声援をもらえるとがんばれるけど、どんなふうに「企業を応援する」んだろう？

私たちの「投資」という仕事は、みんなから預かったお金を成長が期待される企業に渡して、さまざまな事業に役立ててもらうものなんだ。最近は、みんなの生活や社会、地球環境への配慮などを考えて活動している企業を選ぶことが重要となってきているんだよ。

POINT

Environment 環境　Social 社会　Governance 企業統治

環境・社会・企業統治への配慮を重視する投資を「ESG投資」と呼ぶんだよ。

「投資」のこと、勉強したから知ってるよ！
だけどなんで環境や社会への配慮も重視するようになったんだろう？

ズバリ質問！

Q 三井住友トラスト・アセットマネジメントさんのSDGsアクションは？

みんなが豊かに暮らせる社会を目指して、投資で未来を切り拓く！

SDGsに貢献するための取り組みや未来のためのテクノロジー開発に力を入れている企業への投資は、金銭的な利益を生む以外のことにもつながっていくんだ。社会問題の解決につながったり、豊かな社会実現の後押しになる、より良い未来へのグッドサイクルなんだよ。

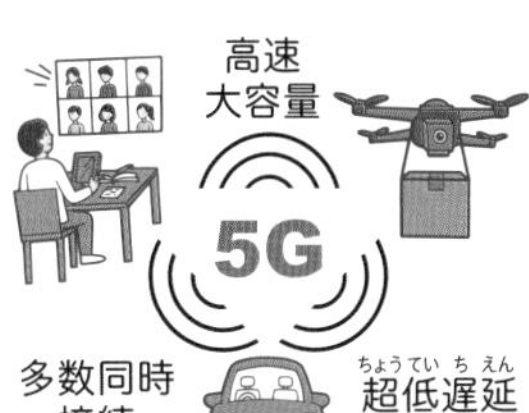

次世代通信規格・5Gは、ICT教育やドローン活用、自動運転などの技術の実現につながっていくよ。

サステナブルな社会の実現のため、投資で脱炭素技術の開発を支援！

持続可能な社会を目指すため「脱炭素を進めるテクノロジーを開発する企業」への投資も行っているよ。太陽光発電では、光を吸収するパネルがヒマワリのように太陽の向きを感知して動く装置もあるんだよ。これまで投資した企業の中には、このようなユニークな技術を持つ企業がたくさんあるんだ。

太陽光や風力など自然の力を利用したエネルギーが注目されているよ。

FUTURE｜三井住友トラスト・アセットマネジメントが目指す未来

私たちは投資を通じて、世界中の人たちが抱いている不安を取り除けるような未来をつくる企業と、そんな企業を応援したいと思っている人たちをつなげていくよ。そのためにも「企業がいまやっていること」だけを見るのではなく、その企業が未来でどんな役割を果たしているかも予測しながら、本当に価値のある取り組みを世の中に広めていきたいな。

取材の感想

未来のことも考える視点か…。私なんて先のこと考えるのは「今週の給食は何曜日が楽しみかな」くらいだね。進学のこととか、将来どんな仕事をしたいかとか、もっと考えていまの自分になにができるか考えていきたいな。

WELCOME | 三菱UFJモルガン・スタンレー証券からの取材招待状

お金のことを知っているだけで未来が変わる！みんなの暮らしを豊かにするために、知っておいてほしいことがあるんだ。

お金は「欲しいものを買う」ためのものだよね？
私たちの「暮らしを豊かにする」ってどういうことだろう。

私たちは、企業などの資金調達のお手伝いや、投資家の人たちがより良く資産を形成できるようにアドバイスをしている会社だよ。SDGs実現のために特に力を入れているのが、「金融経済教育」。私たちが届けている金融や経済の出張授業では、カードゲームを活用するなど楽しみながら学べる色んな授業プログラムをつくっているの。次世代を担うみんなに、授業を通じて将来豊かに暮らすための「考える力」を身につけてもらいたいと思っているよ。

POINT 1

お金を使って企業や社会の成長を応援することを「投資」というよ。「投資家」と「企業・団体」をつなぐ「仲介役」が私たち証券会社だよ。

POINT 2

開発途上国への給食支援などを行う「TABLE FOR TWO」プログラムなどにも参加しているよ。

「金融経済教育」ってなんだか難しそう…。
いったい、どんなことを勉強するのかな？

ズバリ質問！

Q 三菱UFJモルガン・スタンレー証券さんのSDGsアクションは？

みんなで一緒に考えてみよう！ 教室で体験するインターンシップ「株の力」

私たちが開発した金融経済教育のプログラムは2014年度にスタートして、これまでにのべ80校・5,000人以上の中学生・高校生に参加してもらったよ。参加する中学生・高校生と一緒にクイズやグループワークを通じて考えてもらい、「株の力」とはなにかを探究していくんだ。そしてそれぞれが感じ取った「株の力」を新聞広告として表現するよ。

インターンシップ「株の力」くわしくはこちら！

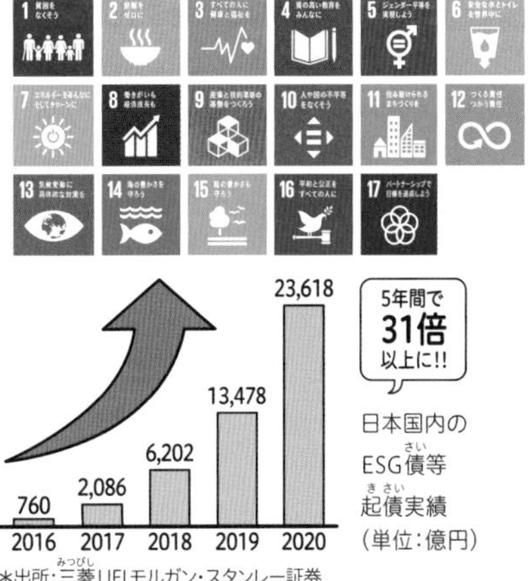

環境・社会課題解決のため がんばっている企業・団体を応援！

最近は数多くの企業がそれぞれの事業を通して環境や社会の課題解決に取り組んでいるよ。そんな人たちを応援するため、環境や社会の課題の解決を目的として、私たちは市場からお金を集めているんだ。「グリーンボンド」をはじめ、資金調達にはさまざまな手法があるので、資金がほしい企業と相談して、その企業にあった手法をアドバイスしているよ。

日本国内のESG債等起債実績（単位：億円）

＊出所：三菱UFJモルガン・スタンレー証券

FUTURE | 三菱UFJモルガン・スタンレー証券が目指す未来

みんなにより良く生きてもらいたいというのが、私たちが希望する未来。金融経済教育を通してみんなの暮らしが豊かになるように自分自身で考えられる力を身につけてもらいたいと思っているよ。お金に関する知識だけではなく、自分に最も合う情報や方法を選ぶことができるお手伝いをこれからも続けていくよ。私たちは色んな学校を訪問しているので、みんなの学校で会える日を楽しみにしているね！

取材の感想

お金のことって難しくてよくわからないと思っていたけど、「わからない」ままだと将来困っちゃうのか。パパやママも将来のことを考えながらお金を使ったり貯めたりしていたんだね！ぼくもおこづかいをどう使うか、今度からちゃんと考えるようにしてみようかな。

WELCOME ｜ ライオンからの取材招待状

お口の健康と地球環境を同時に守る活動を行っているよ。みんなが毎日使うハブラシが新しいプラスチック製品に生まれ変わるって知ってた？

ハブラシが新しいプラスチック製品に生まれ変わるって、どういうことだろう？

石けんとハミガキの製造から始まったライオンは、人々の健康な毎日に貢献することを目指して、商品の提供とともに啓発活動や情報発信も行ってきたんだ。また、昔から地球環境を守ることが世界共通の課題であることを認識して、環境に配慮した商品の開発などにも積極的に取り組んできたんだよ。

POINT 1

歯みがきは、心や身体の健康維持のための重要な習慣だよ。みんなの家にも、ライオンのハミガキやハブラシがあるかもしれないね。

POINT 2

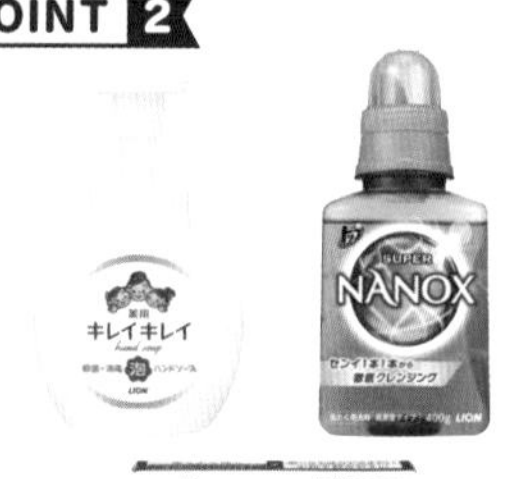

ライオンの色んな商品が、みんなの健康を守っているよ。

ぼくは、毎日朝・昼・夜に歯みがきしているからむし歯ゼロなんだ〜。それに、手洗いもちゃんとしているから、風邪をひかないのかもしれないね。

ズバリ質問！

Q ライオンさんのSDGsアクションは？

適切なタイミングでハブラシ交換！

きちんと歯みがきをしてお口を清潔に保つことが、からだの健康と密接に関係しているんだ。だけど、ハブラシは長く使っていると、たとえ毛先が開いていなくても汚れを落とす力がだんだん弱くなってしまうんだ。そのためライオンでは適切なタイミングでハブラシを交換することをおすすめしているよ。目安はだいたい1か月に1本だよ。

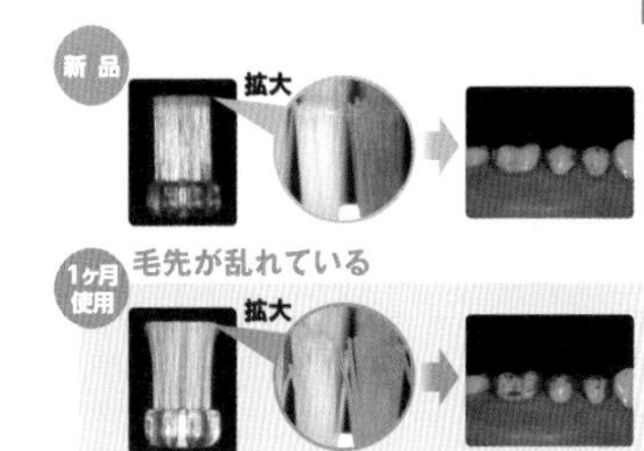

1か月使用したハブラシは拡大すると毛先が乱れているのがわかります。このハブラシでみがいた歯は、歯垢が多く残っています。

ハブラシが大変身！「ハブラシ・リサイクルプログラム」

ふつう、使用済みのハブラシは捨ててしまうけれど、ライオンでは資源を大切にするために回収をしているんだよ。このプロジェクトに参加する学校や歯科医院などがボックスを設置し、そこで回収したハブラシを、植木鉢などのプラスチック製品に生まれ変わらせる活動をしているんだ。これまでに回収したハブラシの数は約90万本（2021年9月末時点）。プログラム参加者は集めた重量に応じて、植木鉢などとの交換や地域支援の寄付に換えることができるポイントをゲットできるんだ。

FUTURE ｜ ライオンが目指す未来

一人ひとりが自分自身の健康のために1か月に1回、ハブラシ交換をしてほしいな。そして、みんなが普段使っているものを大切に使い続けることや、「これもリサイクルできるのかな？」と考えることが、みんなの習慣になればうれしいな。そうすれば、きっとみんなの健康だけじゃなく、地球の健康も守ることにつながるはずだよ。

取材の感想

使い終わったハブラシは、捨ててしまえばごみだけど、リサイクルすることで地球のためにもなるんだね！私のハブラシはどれくらい使っていたかな？これからは気にしてこまめにチェックする習慣をつけようっと。

いつでも、ふぅ。
AGF®

WELCOME｜味の素AGFからの取材招待状

お湯を注ぐだけで簡単にできる「スティックコーヒー」には、SDGsの取り組みがギュッと詰まっているんです。その秘密を見に来てね。

味の素AGF
梅林 千聖さん

スティックコーヒーは私のママもよく飲んでいるよ！お部屋にいい香りが広がるのが大好きだけど、あの小さな袋に詰まっている秘密ってなんだろう？

「ブレンディ®」や「ちょっと贅沢な珈琲店®」などの、レギュラーコーヒーやスティックコーヒーなどをつくっている会社だよ。スティックコーヒーはレギュラーコーヒーとは違って、コーヒー豆から取り出した抽出液をギュッと濃くして乾燥させた粉末が入っているから、お湯を注ぐだけでおいしいコーヒーができるんだよ。

Q 味の素AGFさんのSDGsアクションは？

「味わいを濃縮したパウダー」によって、箱のサイズを小型化！ 1台のトラックで約22万杯以上のコーヒーが運べるように

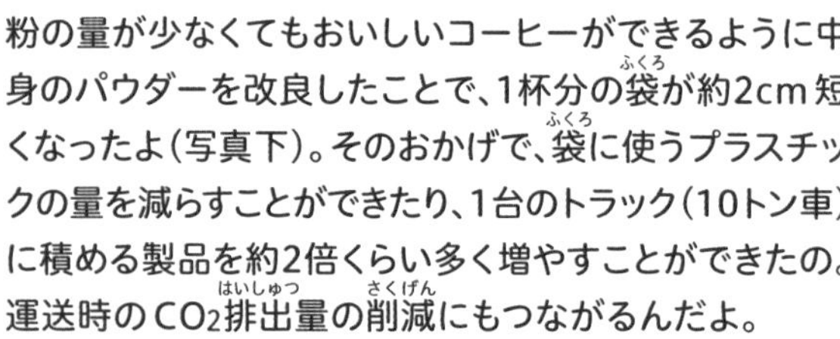

粉の量が少なくてもおいしいコーヒーができるように中身のパウダーを改良したことで、1杯分の袋が約2cm短くなったよ（写真下）。そのおかげで、袋に使うプラスチックの量を減らすことができたり、1台のトラック（10トン車）に積める製品を約2倍くらい多く増やすことができたの。運送時のCO_2排出量の削減にもつながるんだよ。

取材の感想

たった2cmなのに、積み込める量が2倍近く違うなんてびっくり！小さな工夫を積み重ねれば、たくさんのCO_2が減らせるんだね。これからは地球環境に配慮した商品を選ぶようにしようっと。コーヒーをよく飲むママにも教えてあげなきゃ！

WELCOME | サントリーホールディングスからの取材招待状

ずっと水と生きていけますように！飲み物をみんなにお届けする会社として、きれいで安全な水を生みだす豊かな自然を守っているよ。

サステナビリティ
経営推進本部
市田 智之さん

え？どうして、飲み物をつくる会社が自然を守っているの？自然を守るってどんなことをしてるんだろう。

私たちサントリーは、みんなも見たことがあるかもしれない飲み物などをつくっている会社だよ。私たちがつくる商品に欠かせない良質な水は、実は森から生まれるんだ。だから私たちは、かけがえのない自然の恵みを100年先まで引き継ぐために豊かな森を育み、自然環境を守る「天然水の森」活動をしているんだ。

ズバリ質問！

Q サントリーホールディングスさんのSDGsアクションは？

きれいで安全な水をつくり出す 豊かな森を守り、未来へと伝えていく

蛇口をひねると出てくる水も、もとをたどれば森から生まれるんだ。だけど、きれいで安全な水がすぐに手に入る国は世界でも数えるほど。そんな貴重な水を育む「天然水の森」では、さまざまな分野の専門家や地域の方々と協力して、それぞれの森に合った整備をしているよ。いまでは、全国21か所に広がり、国内の工場でくみ上げる量の2倍以上の地下水を生み出しているんだ。

水の調査

未来を生きるみんなに、水や森の大切さを伝える授業「水育」も国内外でやっているよ。

取材の感想

きれいな水が使えるのは、当たり前じゃないんだね。森を守っていけば、水を育むだけじゃなくて、土砂災害や洪水も起きにくくなるし、環境のものさしといわれている野鳥や、動物のすみかを保つこともできるんだって！自然と人間、生物がバランスよく暮らせる未来になるといいな。もっと水を大切に使わなきゃ！

SWCC 昭和電線

WELCOME | 昭和電線グループからの取材招待状

「免震建物」って聞いたことある？大きい地震が来た時に、建物と私たちの命を守ってくれる免震装置が使われている建物のことなんだ。その仕組みを紹介するね！

免震制振部 技術課
土屋 諒恭さん

「耐震」と「免震」どちらも地震に強い建物のことみたいだけど、なにが違うんだろう？

柱や壁を強くして揺れに耐えるのが「耐震」で、建物の下に装置を入れて揺れを吸収するのが「免震」。建物が装置の上で水平にゆっくり動くから、中にいる人やものに揺れが伝わりにくいし、建物の倒壊も防いでくれる。私たちはそんな免震装置をつくっているよ。

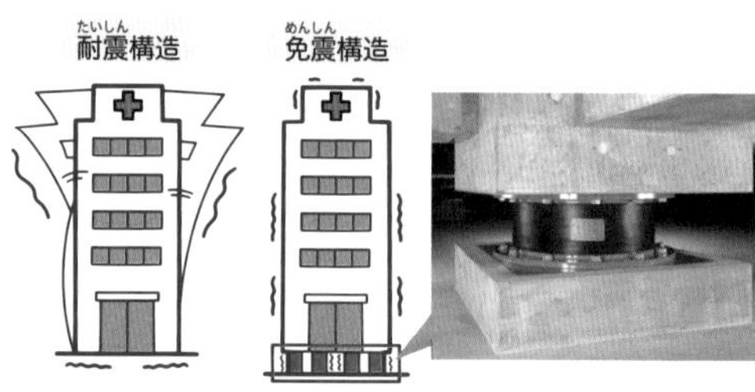

Q 昭和電線グループさんのSDGsアクションは？

地震の力が1/3になる免震建物で安心して暮らせるまちづくりを

例えば宮城県にある病院は免震建物だったから、東日本大震災のときも建物が壊れなかっただけでなく、精密な医療機器への影響も最小限にとどめることができたんだ。そのおかげで地震直後でもすぐに医療拠点として活動を再開し、多くの人々の命を救うことができたんだよ。免震装置はすでにある建物にも取りつけられるから、お城やお寺などの歴史的な建築物を地震から守ることもできるんだ。私たちはこれからもみんなが安心して暮らせる街になるように免震装置をつくっていくよ。

地震の力を1/3にする免震装置は、揺れに弱い医療機器や薬品棚も守ってくれるんだ。

取材の感想

もし今後大きな地震がきても建物を守ってくれるから、すぐに街が復興できるんだね！地震で建物が倒壊すると、がれきが道をふさいで、避難や救助が遅れてしまう可能性があるんだって。日本は地震が多い国だから、免震装置を使った建物が増えるといいなぁ

WELCOME　日本山村硝子からの取材招待状

ガラスびんは、使えば使うほど地球にやさしい容器なんだ。それはなぜなのか、わかるかな？

環境室
辻 良太さん

容器は中身を使うとごみになってしまうよね？
ガラスびんを使うと、どうして地球にやさしいんだろう？

それは、ガラスびんはリサイクルするだけでなく、洗って何度も使う「リユース」ができるエコな容器だからだよ。給食の牛乳びんや、ビール、お酒のびんなどで使われているよ。ごはんを食べるとき、食器は何度も洗って繰り返し使うよね。ガラスびんはそれと同じ使い方ができる、唯一の容器なんだ。

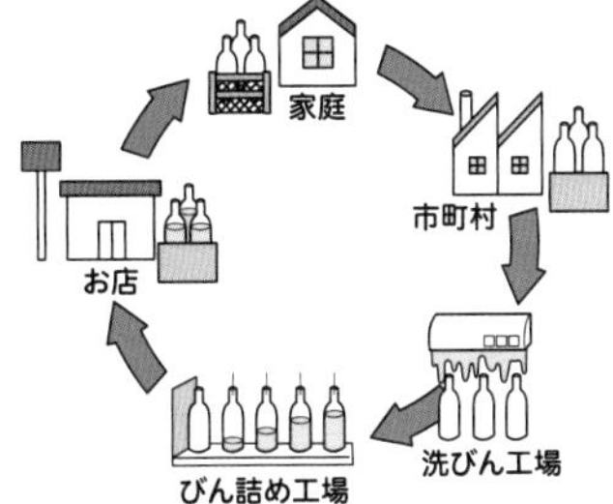

使い終わったリユースびんは、買ったお店に戻したり、資源ごみに出したりすることで回収されるよ。その後きれいに洗浄して品質をチェックしてから、再び中身が詰められるんだ。

Q 日本山村硝子さんのSDGsアクションは？

安心素材でおいしさ長持ち！ ガラスびんはフードロス削減にも貢献

ガラスびんは酸素を通さないから、おいしさ長持ち！だからフードロスの削減にも貢献しているよ。さらに、ガラスびんは砂や石灰石などの天然素材でできているから、身体にやさしいんだ。ガラスびんはリユースができて、フードロスを削減できて、身体にもやさしい、究極のエコなパッケージなんだ。

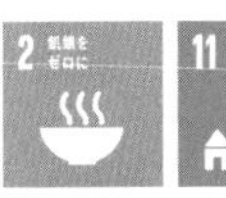

お酒のリユースびん

飲料のリユースびん

取材の感想

ガラスびんが地球にやさしい理由を知ったら、びんに入った牛乳やジュースがよりおいしく感じるよね！ガラスびんを使うことでプラスチックごみも減って、SDGsにつながるんだね。地球にも、私たちの身体にもやさしいガラスびんを、もっとみんなでたくさん使っていきたいな。

WELCOME | 白寿生科学研究所からの取材招待状

**みんなにとって「健康」ってなんだろう？
身体が丈夫なこと？明るい気分で過ごせること？
リラックスできること？一緒に考えてみよう！**

総合企画部
鈴木 大地さん

病気をしないことはもちろん、毎日笑顔でいきいきと自分らしく過ごせることも健康のひとつだと思うな〜！

私たちは、みんなの健康を色んな角度からサポートしている会社だよ。身体の調子を整える電位治療器「ヘルストロン」や健康食品をつくったり、健康をサポートする「ハクジュプラザ」を運営したり、全国の自治体や大学とともに健康情報を広めていく「健幸アンバサダー」を育てたりしているんだ。

「ヘルストロン」はプロアスリートの健康づくりにも貢献しているよ！

Q 白寿生科学研究所さんのSDGsアクションは？

音楽を通して“こころの健康”をサポートするハクジュホール

私たちが運営する「ハクジュホール」では、世界で初めてコンサートホールにリクライニングシートを導入。背もたれを倒して、心身ともにリラックスしながら音楽コンサートが楽しめるんだ。コンサートって、演奏を聴くのはもちろん、「誰を誘おう」「どんな服を着ていこう」って考えるのも楽しみのひとつだよね。そういうワクワクする機会をつくることで、心の健康もサポートしているんだ。

(C)Albert Abut
写真Nacasa & Partners Inc.

取材の感想

身体を動かすことが健康につながるように、心も、感動したりワクワク、ドキドキして動かしてあげることが大切なんだね。そうだ、今度の週末はおばあちゃんと一緒におめかししてコンサートに出かけようかな！

創業明治14年
花嫁わた株式会社

WELCOME | 花嫁(はなよめ)わたからの取材招待状

みんなが使っているお布団、実は"一生"使えるって知ってた？私たちと地球をやさしく包み込(こ)む布団の秘密をご紹介します！

事業マーケティング部
山口 美真さん

私の布団、「古くなったから買い替(か)えなきゃね」ってママが言ってた！一生使えるなら捨てちゃうのはもったいないけど…どういうことだろう？

使い古した布団がきれいでふかふかに生まれ変わる「布団のリフォームリフレッシュ」を行っているよ。お客様から預かった布団は、中の素材を取り出し洗浄(せんじょう)して、使う人の好みやライフステージに合わせてつくり直すの。これまでに190万枚以上の布団をリフォームしてきたんだよ！

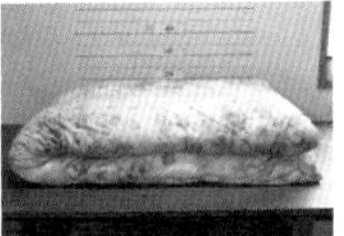

ぺしゃんこになった布団もふっくら！暖かさも復活します

ズバリ質問！

Q 花嫁(はなよめ)わたさんのSDGsアクションは？

大切な資源を、大切に使うために。リフレッシュリフォームで一生ものの布団に

布団は、お手入れしながら使えば一生もの。年に1度のクリーニングと、掛(か)け布団は5年、敷(しき)布団は3年に1度リフォームすることで長く、気持ち良く使い続けられるんだよ。ものを捨てずに使い続けることは地球にやさしいし、寝室(しんしつ)に環境(かんきょう)に合わせて、体質に合わせて、清潔でふかふかのお布団は私たちの体にもやさしい。大切な資源である羽毛・羊毛をできる限り有効に活用したいんだ。

取材の感想

いま使っている布団をお手入れしていけば、私の子どもや孫まで使えるってことだよね。想像するとほっこりするなぁ。「大切に使えばずっと使えるもの」ってほかにもたくさんありそう…まずは身の回りのものから探してみよう！

pal*system
生協 パルシステム

WELCOME | パルシステムからの取材招待状

みんなが毎日使っている電気はいろいろなものからつくることができるんだ! パルシステムの「発電産地」ではどんなもので電気をつくっていると思う?

(株)パルシステム電力
新電力事業部
喜田 敦さん

「産地」って野菜とかお肉みたいな食べ物では聞いたことあるけど…。電気にも「産地」ってあるのかな?

生協パルシステムでは国産&産直中心の食材を約160万世帯のお家に届けているよ。2016年からは電気の供給も始めたんだ。「誰がどこでどのようにしてつくっているか」という点では、食べ物も電気も同じと考えて、パルシステムでは電気をつくる場所も「産地」と呼んでいるよ。

Q パルシステムさんのSDGsアクションは?

太陽の光・風・地熱などでつくった「再生可能エネルギー」の電気を広げる取り組みをしているよ!

繰り返し使えて環境への負担が少ない方法でつくった電気が増えれば、大切な自然環境を未来に残せるよね。パルシステムが届ける電気は、全国各地の「発電産地」でつくられているんだ。鶏のふんや温泉の熱エネルギーを活用して発電を行うユニークな産地もあるよ。これからも電気の生産者さんたちと一緒にがんばるね!

福島県にある土湯温泉の源泉を利用した地熱発電設備

取材の感想

意識してなかったけれど、電気をつくってくれる人や発電所のおかげで、毎日快適に生活できているんだね。ほかにどんなものを再生可能エネルギーとして使えるかなぁ。アイデアを思いついたら、パルシステムさんに教えてあげようっと!

丸富製紙株式会社

WELCOME | 丸富製紙からの取材招待状

**みんなが毎日クルクル回す「まるいもの」
実は世の中を良い方向に回しているんだよ。**

生産技術・新製品開発部
八木 英一さん

「まるいもの」ってトイレットペーパーのことだよね！オレ、前にも取材に行ったから知ってるよ。だけど「世の中を良い方向に回している」っていうのはどういうこと？

私たちの会社がある静岡県富士市は、明治時代から製紙業が盛んで「紙のまち」とも呼ばれている地域。私たちもずっと紙製品の進化に取り組んでいて、日本で初めて牛乳パックからトイレットペーパーを作ったり、現在も損紙を使ったセルロースナノファイバー（CNF）の開発に取り組んだり。いつの時代も“リサイクルの輪”を大切にしているんだよ。

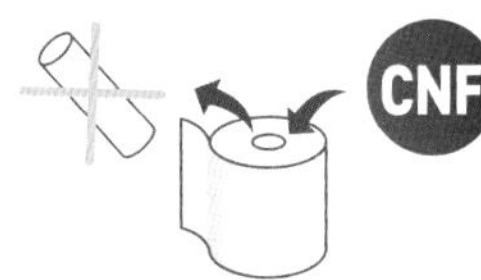

セルロースナノファイバーは、芯なしトイレットペーパーの芯部分の強度アップにも使われているよ。巻き芯の代わりに芯穴の変形を防いでくれるんだ。

＊セルロースナノファイバーを芯部分（巻き取りの最後の部分）へ塗布しています。

Q 丸富製紙さんのSDGsアクションは？

なが〜く続く未来のために！ CO_2もプラスチックも減らす「超長尺トイレットペーパー」

一度にたくさん運べて運送時のCO_2も減らせる「超長尺トイレットペーパー」は、2015年の発売以降人気を伸ばし続けているところ。いまではトイレットペーパーの全国シェア約3%を占めるほどになっているよ。パッケージもこれまでのポリエチレン製から、地元・静岡県富士市の企業と協力して紙製に変更！プラスチック量の削減にも貢献できるようになったんだ。

トイレットペーパーの外側の袋も紙でできているの！？すごい！私だったら「濡れちゃいけないものは紙にできない」ってすぐにあきらめちゃうよ。初めて牛乳パックをリサイクルしたり、プラスチックを紙に切り替えたり。工夫次第でいままで当たり前だったものを変えていくことができるんだね。

リリカラ

WELCOME | リリカラからの取材招待状

みんなのリサイクル活動で、教室がオシャレに大変身!?身近なものでつくった「地球にやさしいインテリア」について紹介するよ。

カーテンビジネスユニット部
神田 倫臣さん

お部屋のオシャレにもこだわっているから、インテリアのことはよく検索しているわ。でも、“地球にやさしいインテリア”って想像がつかないな…。

住宅やホテル、みんなが通う学校などの公共施設に設置されているカーテンや壁紙、床材などを開発したり販売したりしている会社だよ。みんなが気持ち良く暮らしていける空間を提案しているんだ。そんな空間の中にいる私たちの日常的な習慣や、周りにある社会環境について見直すきっかけづくりもしているよ。

Q リリカラさんのSDGsアクションは?

国内で捨てられるペットボトルが学校のカーテンに生まれ変わる!?

私たちは、国内で捨てられているペットボトルをリサイクルした糸を使って「エシカ」という教室用カーテンをつくったんだ。しっかりと「洗浄・分別・回収」をすることできれいな色のカーテンに仕上がるよ。リサイクルについてクイズ形式で楽しく学べる学校用の教材資料もつくっていて、リリカラのHPからダウンロードもできるよ。

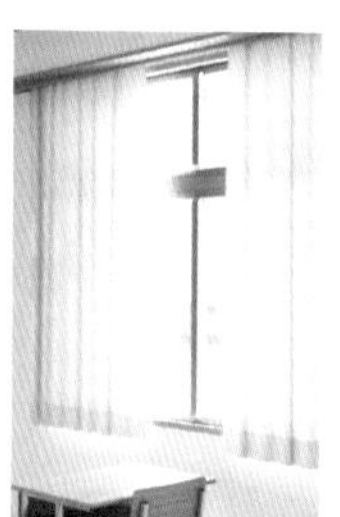

1窓分のカーテンで、約160～200本分ものペットボトルをリサイクル!1年間で約166万本の廃棄ペットボトルを使って「エシカ」をつくるのが目標なんだ。

教材資料ダウンロード ▶

取材の感想

ペットボトルからカーテンができるなんてビックリ!きちんと洗って分別して捨てるってちょっとしたことだけれど、毎日の習慣にすることでリサイクルや商品づくりのお手伝いができるんだ。いろいろな商品にペットボトルからできた糸が使えるようになったら面白いね。

お口の恋人
LOTTE

WELCOME ｜ ロッテからの取材招待状

みんながいつも食べている、あまくておいしいチョコレート。原料の「カカオ豆」を、どこで、どうやってつくっているのか知ってるかな？

生産本部資材部
佐々木 敦さん

カカオ豆は暖かい地域で生産されているんだよね。でも、どんなふうにつくられているのか、知らないな。日本の農業と同じように、機械などを使っているんじゃないの？

正解！カカオ豆は、赤道付近の熱帯地域でつくられているよ。でもね、その中には経済的に豊かでなかったり、農業の正しい知識が足りなかったりといったさまざまな問題を抱えている農家もあるよ。子どもたちが、家の手伝いを超えた大変な仕事をしているという報告もあるんだ。そんな生産地の問題を改善するために、私たちは「Fair Cacao Project（フェアカカオプロジェクト）」に取り組んでいるよ。

Q ロッテさんのSDGsアクションは？

地域に合わせた支援方法で「大変な仕事をする子どもたち」を減らす

チョコレートが主力製品である私たちにとって、カカオ豆がずっと安定して調達できることは、とても重要。そこで調達活動を通して、カカオの生産地にさまざまな支援を行っているんだよ。そのひとつが児童労働を観察することだよ。現地パートナーが農家の人と直接対話することで、子どもたちが大変な仕事をしている原因を解決したり、その地域に合った支援やアドバイスを行っているんだ。

取材の
感想

生産地の支援をしている会社を調べて応援したり、水や電気、食べ物を無駄にしないよう、地球の環境を意識して生活すれば、めぐりめぐって世界の人たちの役に立てるはず。まずは毎日の生活で見直せることから始めてみよう！

住みたい街に 住みたい家を。
和田興産

WELCOME ｜ 和田興産からの取材招待状

私たちは住まいづくりを中心に、みんなが明るく元気に安心して暮らせる街を実現できるよう、色んな取り組みをしています。

総合企画部
石橋 輝さん

明るく元気に暮らせる街だったら、ずっと住んでいたいなぁ。どんな取り組みをしているんだろう？

私たちは兵庫県を中心に、「ワコーレ」というマンションや「ワコーレノイエ」という一戸建て住宅をつくって販売している総合不動産企業。地域とともに創業から120年以上もの間、みんなが幸せに暮らせるまちづくりを目指して、いろいろなことに取り組んでいるよ。阪神・淡路大震災での経験を活かして安心して暮らすための工夫や制度も取り入れているんだ。

Q 和田興産さんのSDGsアクションは？

“住んでいる場所を好きになれる”まちづくりを目指して！ 夢に向かってがんばる人を応援して、地元から日本を元気に

小学生のサッカー大会「ワコーレ杯」や、絵画コンクールの開催を通して、夢に向かってがんばる人を応援しているよ。日本では首都圏に人口が集中しているけど、全国どこにいてもいきいきと夢を追うことはできると思うんだ。みんなが自分の街で色んなことにチャレンジして、その中で街をもっと好きになってほしい。そんな活気のある街が日本にもっと増えるようにこれからも取り組んでいくよ。

小学5年生のサッカー兵庫県大会「ワコーレ杯」を毎年開催しているよ。

取材の感想

自分たちの街のことをいままでくわしく調べたことはなかったけど、もしかしたら面白い場所がいっぱいあるのかも！？あと、「夢はどこでだって叶えられる」ってかっこいい言葉だな！将来、地域のために活躍できるように、大好きなこの街のことをもっと勉強してみようっと。

ダイバーシティに必要なものってなんだろう？

企業の担当者さんについてインタビュー！

Q 中学生時代、勉強や部活動、趣味など、どんな分野に興味がありましたか？

合唱部に所属して音楽に没頭していたなあ。たくさんの声を重ねてひとつのハーモニーをつくりあげた経験が、グループ会社をまとめるいまの仕事に活きているのかも。

明治ホールディングス 仲村渠 幹子さん

祖父母が住んでいた山口県の角島によく遊びに行っていたんだ。とてもきれいな海に囲まれていて、その頃から「美しい海の風景をなくしたくない！」と思っていたかもしれないね。

ネスレ日本 村岡 慎太郎さん

部活動の軟式テニスに熱中していて、全国大会出場に向けて練習をがんばっていたなぁ。努力することで目標が達成できることを学んだよ。硬式テニスをやっている息子が大きくなったら対戦するのが楽しみなんだ。

昭和電線グループ 山下 由彦さん

バスケットボール部に所属して、仲間とともに目標に向かって取り組んでいたよ。学生時代は自分の考えを養う機会が多くあるからどんな場面でも一生懸命に向き合ってほしいな。

Meiji Seika ファルマ 木村 加奈子さん

理科や数学が大好きで、先生の代わりに授業もしちゃうような子どもだったよ。興味のあることはとことん調べないと気がすまない性格だったんだね。それはいまも変わらないよ。

パナソニック 西川 弘記さん

海外に興味があって、世界の色んな国の人たちと手紙でやりとりしていたなぁ。なかなか行けないような遠くの国にも友だちができて、その地域の言葉や文化にふれられて楽しかったよ。

日本特殊陶業 中川 崇代さん

「繊維のまち」岡山県倉敷市で生まれ育ったのもあって、ファッションが大好きだった学生時代。好きな洋服やカバンを自分でつくって、友だちにプレゼントしたりしていたよ。

カンコー学生服 松本 和美さん

みんな、中学校時代のことが将来にもつながっているんだね！

Q いまの仕事で社会とのつながりを感じるのはどんな時ですか？

私たちの投資する企業は、成果が製品として「見える」企業もあれば、次世代の技術だったりして成果が直接的には「見えない」企業もあるんだ。そのどちらにも共通して言えることは、私たちの社会を豊かにしてくれるものであること。ニュース番組で自分の関わった企業のニュースを見たときは、ワクワクして「この仕事をやっていて良かった！」と感じるね。

三井住友トラスト・アセットマネジメント 藤田 鷹彦さん

トイレットペーパーは全国どこのスーパーマーケットやコンビニエンスストアに行っても置いてあるけど、お店で陳列されている中に私たちの製品が並んでいるのを見かけたときは、「がんばって開発を続けて良かったな」とうれしい気持ちになるよ。お客さんがその製品を買ってくれているのを見たら、「もっとがんばろう」という次へのモチベーションにもなるんだ。

丸富製紙 八木 英一さん

専門家の先生や、森の近くに住む地域の人、林業のお仕事をしている人たちと協力し合って活動をしているときに、森を見る角度は違ってもみんな同じ目線で森のことを考えているんだなとつながりを強く感じるよ。森に入ってコミュニケーションをとっていると新しいアイデアや気づきが生まれることもたくさん！お互いにとってのメリットも大きいんだ。

サントリーホールディングス 市田 智之さん

ワクチン開発について情報発信をした後に、SNSで応援の声をもらったことや、海外在住の日本人の方から「がんばってください！」と直接お手紙をいただいたことかな。私たちがみなさんから元気づけられているのはもちろん、世界中の皆さんとつながっていることを実感する瞬間だし、希望と安心を与えられている仕事なんだなと誇りに思ったよ。

KMバイオロジクス 藤田 洋一さん

現在世界中で、高齢化によって目の病気を患う高齢患者の数が増えたり、人口増加で食糧不足への不安が高まっていたり、人々が安全に生活するためのまちづくりを担う技能者が不足していたりと、さまざまなことが課題となっているんだ。私たちは課題解決のための提案を行って、世界中の人々が豊かな社会で生活できるように少しでも役立ちたいと思いながら働いているよ。

トプコン 中村 孝明さん

私たちが実際に講師として中学校・高校で金融経済教育プログラムを教えるときかなぁ。生徒みんなの顔が見えることで私たちの取り組みに実感が湧くし、いままで知らなかった「株の力」のことを楽しみながら積極的に学んでいるみんなの姿を見ていると、私も「もっとうまく教えられるようになるために、自分自身も勉強を続けていかないと！」とやる気が出るんだ。

三菱UFJモルガン・スタンレー証券 上野 紗耶加さん

私たちの技術・製品が、日本だけでなく世界各地で使われることで地球環境(かんきょう)や社会が少しずつ良くなっていると実感できた時だよ。みんなも得意なことがあるよね？それを活かして社会の役に立てるとすごくうれしいから、「自分にできることをやるんだ！」という熱い気持ちで地球上の課題に向き合ってほしいな。

日本ガイシ 龍野 雅美さん

小さな頃(ころ)からずっと神戸という街(まち)が大好きだったから、仕事を通じて地元をより良くしていくことができていると感じるよ。例えば新しいマンションが建って、住人が増えて、周りにもお店が増えて…と街(まち)が発展していく様子や活気にあふれている光景を見ると、自分の仕事がまちづくりに役立っているんだなと思ってやりがいを感じるね。

和田興産 石橋 輝さん

入社したての頃(ころ)は、お客様から直接布団リフォームの相談を受けることも多くて、「昔母からもらった布団をリフォームして娘(むすめ)にプレゼントしたい」という親子3代で布団を受け継(つ)ぐ相談に乗ったこともあったね。布団だけじゃなくて、お客様の“想い”もしっかりと受け継(つ)いで、一人ひとりの人生に寄り添(そ)える素敵な仕事だなぁと思ったよ。

花嫁わた 山口 美真さん

チョコレートの原料となるカカオ豆の生産地は、日本から遠く離(はな)れた熱帯地域。そこで起きているさまざまなことがカカオ豆の調達に大きく影響(えいきょう)するんだ。紛争(ふんそう)が起きたりクーデターなどで政治権力に変化が生じたりするとカカオ豆の供給が止まるし、異常気象で生産が減ると値段が上がったりもする。だから、常に社会の出来事に目を向け、そこでなにが起きているのか、それによって今後どのように変化しているのかを考えながら仕事をしているよ。

ロッテ 佐々木 敦さん

スーパーマーケットの棚(たな)に製品が並んでいるのを見たときと、それを買ってくれるお客様を見たときだね。私たちは毎日、お客様からの「もっとこうしてほしい」という声を聞いて、より良い製品がつくれないか試行錯誤(しこうさくご)しているんだ。改良した製品を出したときはお店に見に行くこともあるよ。そのときに製品を買ってくれるお客様を見るとすごくうれしいよ。

ハウス食品 長江 隆司さん

一人じゃできない目標も、パートナーシップでみんなの力を合わせていけば実現できるんだね。すごいや！

Q 仕事において「自分らしさ」は、どんな時に出ていると思いますか？

学生時代にラグビーを始めたことで、自分らしさの活かし方が身についたと思うよ。ラグビーは、力が強い人、走るのが速い人、ボールを投げるのが上手い人など、得意なことが異なる人たちが力を合わせてゴールを目指すスポーツ。毎日、それぞれバックグラウンドの異なる仲間たちと、自分らしさを活かしながら仕事をするのは楽しいね。

Indeed アンソニー 大輔 エストレラさん

私の仕事は、会社のことをたくさんの人に知ってもらうことなんだ。そのために、私のことを「明るくて話しやすい人だな」と思ってもらえるようなコミュニケーションを心がけているよ。「話しやすい人」として私を覚えてもらうことで、相手からも声をかけてきてくれるようになるし、会社についてもより多く知ってもらえると考えているんだ。

BNPパリバ・グループ 大熊 韻さん

ひとつの商品は、素材だけでなくさまざまな要素や背景が重なり合っているんだ。商品開発でのプレゼンテーションや見本帳に掲載する原稿などでは、そういった要素や背景の部分も含めて「どうしたら伝わりやすいかな？」と相手やお客さんのことを考えながら、自分らしい言葉を使いつつ、リリカラらしさを表現できるように心がけているよ。

リリカラ 神田 倫臣さん

常に好奇心を忘れないようにしているの。難しかったり大変な仕事でも、「これができたらすごいことだな」と、ワクワクした気持ちを持って取り組むことで乗り越えられているよ。ほかにも、会社の仲間からアドバイスをもらって助けてもらうことも多いけれど、頼り過ぎないで自分の中に芯を持ってアイデアを発言するのも、自分らしさを発揮できている瞬間かもね。

マルハニチロ 志村 遥夏さん

私たちの商品は、さまざまな工程を経て世の中の人の手に届くの。商品の購入など私たちに興味を持ってくれている人に対して、相手が知りたいことをどのように発信すれば安心・安全な製品づくりへの想いや味の素 AGFの魅力が“伝わるのか”“伝えられるのか”。それを念頭に置きながら、一人でも多くの人にファンになってもらえるような発信に取り組んでいるよ。

味の素 AGF 梅林 千聖さん

世界中の誰もが理想や夢に向かって努力する「熱意」を持っていると思うんだ。その熱い気持ちはなにかを成し遂げるために欠かせないもの。SDGsのような大きな目標ほどみんなで取り組まないといけないし、みんなで取り組めばできないことなんてないはずだよ。どんな取り組みでも参加する一人ひとりが「自分が主役」と思って「熱意」を持って取り組んでもらいたいな。

ライオン 千葉 智也さん

チームリーダーとして、一緒に働く人たちが自分らしさを発揮できる職場づくりに取り組んでいるよ。チームのみんなは、数学が得意な人がいたり、発想が面白い人がいたりと個性豊か。それぞれが持つ良いところを伸ばせるように、真剣に考えてくれた提案はできる限り採用するし、実現が難しい場合は「どうしたらできるか」一緒に考えているんだ。

日本山村硝子 辻 良太さん

職場の人や「ハクジュプラザ」に訪れるお年寄りの方々と関わる中で、相手の"個性"を尊重することを大切にしているよ。たとえ自分と相手の考え方が違っても、否定したり、自分の意見を押し付けたりしない。「そういう考えもあるんだな」と一旦受け入れることで新しい発見があったりするから、毎日仕事が楽しいんだ！

白寿生科学研究所 鈴木 大地さん

会議や意見交換の場では、失敗を恐れず自分が思っていることを発言しているよ。そして発言するだけでなく、しっかり相手の話も聞く。もし相手の言っていることが理解できなくても、受け流すのではなく「これってこういうこと？」と確認して、お互いに理解しながら話を前に進めれば、内容や結果を良くするだけでなくお互いの関係もより良い方向に向かっていけると思うんだ。

神奈川県住宅供給公社 鈴木 伸一朗さん

「再生可能エネルギー」がいかにすごくても、それをみんなにわかってもらって使ってもらうことが大事なんだ。だから、難しい言葉で説明するんじゃなくて、なるべくわかりやすく、興味を持ってもらえるように自分なりに工夫して伝えているよ。「ぜひ再生可能エネルギーに切り替えたい」といってもらえたら最高の気分なんだ。

パルシステム電力 喜田 敦さん

みんなが自分の得意なことを活かしながら働けたら、きっとすごいことができるよね！

「自分らしさ」を活かす時には、相手のことも思いやるんだね。お互いに尊重しあうことが大切なのかな？

味の素AGF

「味わいを濃縮したパウダー」によって、箱のサイズを小型化することで、トラック1台に積める製品量を増やし、運送時のCO_2排出量を削減。

公式ホームページはこちら  

Indeed

「アンコンシャスバイアス(無意識の偏見)」を無くす社員研修や、LGBTQ+の人たちも働きやすい社会を目指す「Indeed Rainbow Voice」プロジェクトを実施。

公式ホームページはこちら  

サントリーホールディングス

水のサステナビリティ(持続可能性)を守るために、森林保全活動「天然水の森」を実施。全国21か所の森で、国内工場でくみ上げる量の2倍以上の地下水を育む。

公式ホームページはこちら  

昭和電線グループ

地震の揺れを吸収して建物の倒壊を防ぐことで、病院などの生活インフラを維持し、安心して暮らせるまちづくりに貢献する「免震装置」を製造。

公式ホームページはこちら  

日本ガイシ

「NAS®電池」と再生可能エネルギーを活用した次世代のまちづくりを進め、CO_2排出を実質ゼロにする「ゼロカーボンシティ」の実現を目指す。

公式ホームページはこちら  

日本山村硝子

唯一リユースができる容器「ガラスびん」の製造を通じて、資源の節約とCO_2削減に貢献。おいしさを長持ちさせる「ガラスびん」はフードロス解決にもつながる。

公式ホームページはこちら  

神奈川県住宅供給公社

県内産の木材を内装に使った住宅のリノベーションをするなど、脱炭素や地域経済の活性化にチャレンジ。コミュニティを重視した笑顔あふれるまちづくりを推進。

公式ホームページはこちら  

カンコー学生服

生徒一人ひとりの心と身体の個性を尊重できる制服と、植物由来のポリエステル繊維(サトウキビ)を使った地球温暖化対策にも貢献する制服・体操服の開発。

公式ホームページはこちら  

トプコン

建設機械や農機の自動化による住みやすいまちづくりや農作物の生産性や品質の向上、また眼の病気を早期発見する仕組みをつくり、眼の健康維持に貢献。

公式ホームページはこちら  

日本特殊陶業

自動車の効率的で地球にやさしい運転を後押しする「スパークプラグ」や「排気ガスセンサ」、未来のエネルギー社会を支える固体電池・燃料電池の研究開発。

公式ホームページはこちら  

ネスレ日本

2025年までに製品の包装材料を100%リサイクルもしくはリユース可能にするという目標を掲げ、海洋プラスチックごみの課題に向けたさまざまな取り組みを実施。

公式ホームページはこちら  

ハウス食品グループ

湯せんからレンジ調理に切り替えることで、調理時のCO_2排出量を削減できる、レトルトカレーのレンジ対応を推進。ハウス食品静岡工場には、太陽光パネルを設置。

公式ホームページはこちら  

企業の取り組み一覧

白寿生科学研究所

運営施設「ハクジュホール」で心身ともにリラックスして楽しめる音楽コンクールを開催し、来場者の心の健康づくりをサポート。

公式ホームページはこちら  

パナソニック

沖縄県宮古島市で太陽光パネルを用いた「エネルギーの地産地消」の実証実験を推進。水素で発電する家庭用燃料電池「エネファーム」の開発・製造。

公式ホームページはこちら  

BNPパリバ・グループ

多様な得意分野を持つ社員が活躍できるダイバーシティの職場を実現。脱炭素社会に向けた企業の取り組みを、金融を通じて支援。

公式ホームページはこちら  

丸富製紙

「超長尺トイレットペーパー」の開発・普及による運送時のCO_2排出量の削減と、紙製パッケージへの変更によるプラスチック使用量の削減。

公式ホームページはこちら  

三菱UFJ
モルガン・スタンレー証券

独自に開発した中高生向け金融経済教育プログラムを2014年度から開催。環境・社会課題に取り組む企業の資金調達をサポート。

公式ホームページはこちら  

明治ホールディングス

「食品」と「医薬品」の面から人々のこころとからだの健康を支える企業グループ。「出前授業」を通じて日々の食事や感染予防の大切さを伝える活動を実施。

公式ホームページはこちら  

花嫁わた

自然資源である羽毛や羊毛の有効活用につながる、布団を長く、気持ち良く使い続けるためのサービス「布団のリフォームリフレッシュ」を展開。

公式ホームページはこちら  

パルシステム

太陽光、風力、地熱、鶏のふんや間伐材などのバイオマスといった再生可能エネルギーによる発電を、全国各地の「発電産地」で実施。

公式ホームページはこちら  

マルハニチロ

マグロの資源を保全するために、クロマグロの「完全養殖」を実施。工場から出る食品廃棄物を飼料や再生可能エネルギーに有効活用。

公式ホームページはこちら  

三井住友トラスト・アセットマネジメント

素敵な未来をつくろうとする企業を投資で応援。脱炭素社会実現に貢献するテクノロジーを開発する企業に投資するファンド（投資信託）も提供。

公式ホームページはこちら  

Meiji Seika ファルマ

新型コロナウイルスに効力のある治療薬の研究開発や、海外生産に頼っている抗菌薬原薬の安定的な供給につながる国内生産の取り組みを推進。

公式ホームページはこちら  

KMバイオロジクス

さまざまなワクチンの研究開発技術を活かし、新型コロナウイルス感染症に対する国産ワクチンの開発に取り組んでおり、実用化に向けた試験を実施。

公式ホームページはこちら  

企業の取り組み一覧

ライオン

歯の健康保持につながる適切なタイミングでのハブラシ交換を推奨。回収したハブラシを植木鉢などのプラスチック製品の材料としてリサイクル。

公式ホームページはこちら  

リリカラ

地球環境に与える負荷を減らすため、国内で洗浄・分別・回収されたペットボトルを原料とするリサイクル糸を使い、教室用カーテン「エシカ」を開発・製品化。

公式ホームページはこちら  

ロッテ

カカオ豆生産地における課題解決につながる、現地パートナーによる農家へのモニタリング・支援・アドバイスなどの実施。

公式ホームページはこちら 

和田興産

災害に強い住まいづくりや子どもたちの活動支援を通じて、地域に活気を生み出し、地域の人々が”住んでいる場所を好きになれる”まちづくりを実現。

公式ホームページはこちら  

ぼくたち、こんなにたくさんの企業にインタビューできたなんてびっくり！一覧にまとめると、同じ課題であっても、それぞれの得意なことを活かした取り組みで、解決しようとしていることが分かるな〜。企業の取り組みも、個性が輝くダイバーシティなんだね。

インタビューおつかれさま！いままさに世の中で実践されているSDGsアクションを知る、いい機会になったはずだよ。ここからさらに、公式ホームページにアクセスするんだ。企業の想いや取り組みのことを、より深く学んでみよう！

動画でさらに学びを深める！

SDGs未来会議チャンネル

「SDGs未来会議チャンネル」は、子どもから大人まですべての人が楽しみながらSDGsについて学べるチャンネルです。書籍「未来の授業」シリーズと連動し、SDGsやダイバーシティに関する解説動画や、企業インタビュー動画を公開しています。書籍と組み合わせて多面的な学習にご活用ください。

CONTENTS ｜ 主なコンテンツ

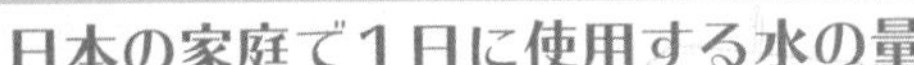

日本の家庭で１日に使用する水の量

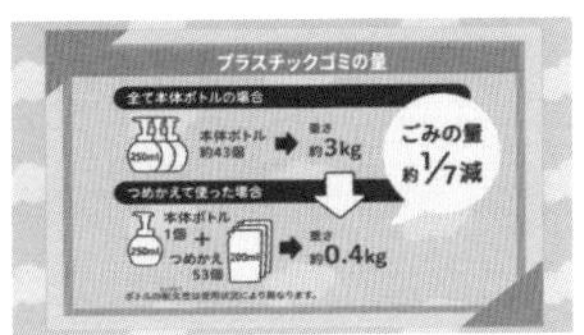

企業インタビュー動画には、味の素AGF、AGC、日本特殊陶業、日本ガイシ、ライオンなど、本書籍シリーズでもおなじみの企業が登場。本書籍には未掲載の情報や、SDGsアクションの現場を見ることができます。

俳優・鈴木福さん、タレント・井上咲楽さんをはじめとした、著名人のSDGsアクションや彼らが思い描く2030年の未来像などを紹介する動画も公開しています。

本書籍「未来の授業 SDGsダイバーシティBOOK」と合わせて、随時動画を公開予定です。
新たなコンテンツも企画中ですので、ぜひチャンネル登録をよろしくお願いします。

SDGs未来会議チャンネル https://www.youtube.com/channel/UC2K_hsGc6gx_qW1_wrKOPdw/videos

企業・団体取材を終えた4人は
これまでに学んだ
ダイバーシティの取り組みや
自身の考えをまとめて
校内新聞として配布
することに

校内新聞
ついにできた
わね

みんなで
"幸せな社会"という
同じゴールを目指そう！
大事なのは"自分らしさ"
お互いに認め合い、さらに輝かせよう！

ガヤガヤ
ダイバーシティ新聞
『周りの人を活かし、
自分も活かされる』社会
それがぼくたちが目指す
ダイバーシティ…
ちゃんと伝わって
いるとうれしいな
反応も
上々ね

数日後
今日も新鮮な魚が入ったね！
魚屋

ん？！
まてよ…

なによ急に呼び出して
家の手伝いをしていて気づいたことがあるんだ！

魚も見た目や産地習性がそれぞれ異なるだろ？
ダイバーシティや多様性って人間だけじゃなくて自然界にも当てはまることなんじゃないかな！

校内新聞をつくったけどあれはオレたちだけのダイバーシティ
もっとほかにもできることがあるはずだからやってみないか？

たしかに面白そうね！
よし！さっそくみんなで調べてみよう！

とは言ったものの…
なにかヒントになるものはないかしら？
あんなのどう？
う〜ん…

ワールドフェスティバル…？
ワールドフェスティバル
ヴィーガンカフェ
インドカリー

この料理牛肉や豚肉を使っていないのにすごくコクがある！
肉も魚も乳製品も使っていないヴィーガン料理だって初めて食べる味だな〜
おいしー
モグモグ

！

ねぇ、世界中にはいろいろな食文化があるけどある人にとってはおいしい料理でも
ある人にとっては食べてはいけない食材が使われることもあるでしょ？

でも…みんなで同じ料理を食べられないって寂しいことだと思わない？
こまったな…

だから、それぞれの
“アレルギーや文化の違い”に
配慮してつくった
みんなが食べられる料理を
用意したパーティーなんてどう！？

なるほど
食のダイバーシティを
学べるパーティーか…
いいと思う！
私も賛成！
よし！
そのアイデアを
もっと磨いて
みよう！

パーティー当日
ダイバーシティ
シーフード・ポットラック
（シーフード持ち寄りパーティー）
このたびは
お集まりいただき
ありがとう
ございます！

このパーティーには
国籍や文化など
いろいろな個性を
持った人たちが
集まっています

みんなでシーフード料理を
楽しむためのポイントを
リーフレットに
まとめたので
読んでみてください
なになに…
イスラム教の
人への配慮…

ハラルとは?
詳しくはこちら→

<イスラム教の人への配慮>
・うろこをもたない魚介類は使っていません。
・生で魚を食べる習慣がない人に配慮して、加熱した料理に限定しています。
へーっ
ダイバーシティ
各国の食文化にこんな背景があるなんて知らなかった
皆さん料理の準備が整いましたよ!
勉強になるね!

さぁ、私からはタイのポピュラーな魚のバラクーダとハーブやスパイスをふんだんに使ったタイ風フィッシュフライよ

私は北海道に保存食として伝わる干した鮭を使ったスープを持ってきたの

ぼくは誰でも簡単に下ごしらえ・調理・盛りつけまでできる楽々アクアパッツァをつくったよ

おまたせ!地元の海の色んな魚の部位で出汁をとった海まるごとブイヤベースだ!

食材がなければ
料理はつくれないし
その調理方法だからこそ
食材のおいしさが引き立つ
料理の世界も
『活き、活かされて』
いるんだね

私も勉強に
なったわ！

**人間の多様性
そしてその暮らしを
支えてくれる
自然界の多様性を両立し
これからも
真のダイバーシティを
目指すぞ！**

ダイバーシティを進める団体の皆さんから読者の皆さんへメッセージ

すべての人が尊厳をもって生きられる社会に

独立行政法人国際協力機構（JICA）理事長　北岡 伸一

JICAは、開発途上国でさまざまな協力を行っていますが、その柱は「人間の安全保障」です。これは、すべての人が恐怖や飢えの心配なく、尊厳を持って生きる権利があり、国際社会にはこれを守る義務があるという考えであり、誰一人取り残さない世界を目指すSDGsの核にあります。JICAは、紛争などで故郷を追われた人々が生計を立てるための協力や、学校に通えない子どもたちに学ぶ機会を提供する協力などを行っています。「人間の安全保障」は世界共通の課題です。性別や宗教、生まれた国、障がい、経済的事情などにより、差別を受けたり弱い立場に置かれたりして、尊厳を持てずにいる人がいます。すべての人の尊厳を守るには、お互いの事情や違いを理解し、個性を認め合うことが重要です。皆さんもすべての人が尊厳を持って生きられる社会をつくるために、小さなことでも行動を起こしてみてください。

ウェブサイトはこちら

大人世代の考え方にとらわれず、自分の可能性を広げて！

（一社）日本経済団体連合会 ソーシャル・コミュニケーション本部　菅原 佑香

ダイバーシティ＆インクルージョンは、いろいろな価値観を持つ人が異なる考え方を出し合うことによって、暮らしやすい、働きやすい工夫や、新しい製品やサービスを生み出します。皆さんも、大人世代の考え方にとらわれず、自分が面白い、知りたいと思うものに向かって、自分の可能性を広げてください。例えば「女子は理科や数学が苦手だ」と思い込んでいませんか？こうした「思い込み」は、才能ある人材の将来を摘んでしまい、社会にとってもマイナスです。性別に関わらず、それぞれが可能性に挑戦し、アイデアを出し、お互いを刺激しながら、イノベーションを起こしましょう。経団連では、関係省庁と一緒に、「理工チャレンジ（リコチャレ）」を展開しています。参加すれば、理数系の知識を活かして活躍する女性社員に会うことができるでしょう。次代を担う皆さんの挑戦を応援します。

「理工チャレンジ」（リコチャレ）
イメージキャラクター
リコちゃん

ウェブサイトはこちら

自国の文化の豊かさを知ることで、共生し合える心を持てる

琉球舞踊 重踊流 二世宗家 志田 真木

琉球舞踊は、王朝の宮廷舞踊として、日本や東南アジアなど、周辺地域の文化の影響を受けつつ大成した、舞踊芸術です。王朝時代、琉球舞踊の担い手は、男性のみに限られていましたが、いまでは多くの女流舞踊家が誕生し、芸術的価値の高い文化財として継承されています。私はその琉球舞踊を、母であり人間国宝の志田房子のもとで3歳より始めました。現在は、世界の人々と文化的交流をする文化庁文化交流使の仕事も担っています。日本には、北から南まで多様な文化があります。きっと皆さんの住む地域にも、素敵な文化があることでしょう。まず、それらにふれ、日本文化の豊かさを感じてみてください。自国の文化の豊かさを知れば、ほかの国の文化を認め、共生し合える心を持てるでしょう。性別や年齢などにとらわれず、多様な文化芸術の豊かさを誰もが享受できる社会になるよう願います。

琉球舞踊 重踊流提供

ウェブサイトはこちら

意識のバリアを超えたとき、誰もが自分らしく生きられる社会になる

日本パラリンピック委員会 委員長 河合 純一

パラリンピックは運動機能障がい、視覚障がい、知的障がいのある方々が参加する世界最高峰のスポーツの祭典です。基本的にはオリンピックで行われている競技（陸上競技、水泳、バスケットボールなど）のルールを障がいに応じて工夫し、障がいの種類や程度に応じたクラスごとに実施しています。また、ゴールボールやボッチャというパラリンピック独自の競技も存在します。東京パラリンピックでは162か国・地域の4,400名ほどが参加し、22競技で熱戦が繰り広げられました。パラリンピックの価値のひとつ「公平」は、最もパラリンピックを象徴しているものです。創意工夫をすれば誰もが同じスタートラインに立つことができることに気づけるからです。点字ブロック、エレベーターなど、アクセシビリティは社会における公平に欠かせないものですが、皆さんが意識のバリアを超えたとき、誰もが自分らしく生きられる社会となっていくのです。

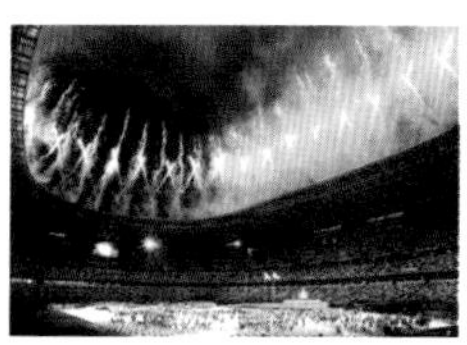

@日本パラリンピック委員会

ウェブサイトはこちら

教材としての本書の活用方法　佐藤真久

子どもの探究活動を支えるアプローチ
ーESDレンズと、持続可能性キー・コンピテンシーに基づく問いの設定

UNESCO(国際連合教育科学文化機関)は、2012年に持続可能な社会の構築に向けた実践におけるものの捉え方として、4つの「ESDレンズ」を提示しました。この活用が、探究活動に異なる視点を提供するとともに、新たな視座を得ることにつながると言えます。

ESDレンズ(UNESCO,2012)

統合的レンズ	批判的レンズ
課題・資源・時間・空間・人といったものをつなげ、関連づける見方・捉え方です。	課題の再設定や捉え直し、意味づけ・学びほぐしを行う見方・捉え方です。
変容的レンズ	**文脈的レンズ**
個人・組織・社会の変容に向けた見方・捉え方です。	身近な文脈(歴史や地域)、地域・世界の文脈を生かした見方・捉え方です。

統合的レンズ(つながり・かかわり)
Integrative Lens: 課題・資源・時間・空間・人をつなげる、関連づけ

変容的レンズ
(変わる・変える)
Transformative Lens:
個人・組織・社会の変容

ESD

文脈的レンズ
(ひろがり・ふかまり)
Contextual Lens:
身近な文脈(歴史や地域)、
地域・世界の文脈

批判的レンズ(見直し・捉え直し)
Critical Lens: 課題再設定・捉え直し、意味づけ・学びほぐし

刷新
Innovation

さらに2017年には、「持続可能な開発目標のための教育ー学習目的」(Education for Sustainable Development Goals, Learning Objectives)を発表し、8つの「持続可能性キー・コンピテンシー」を発表しました。持続可能性キー・コンピテンシーとは、持続可能な社会の構築に向けて獲得すべき資質・能力です。本書で取り扱う問いは、持続可能性キー・コンピテンシーを高めるものになっており、子どもたちが持続可能な社会の構築に資するさまざまな資質・能力を獲得することの一助になります。近年では、これらのキー・コンピテンシーを獲得・発揮するには、社会・情動的知性(SEI)(マインドフルネス、共感、寄り添い、批判的探究)が重要であると指摘されています。

持続可能性キー・コンピテンシー(UNESCO,2017)

システム思考コンピテンシー (systems thinking competency)	関係性を認識し理解する能力;複雑系を分析する能力;異なる領域と規模のなかにおいてどのようにシステムが組み込まれているかを考える能力;不確実性を取り扱う能力
予測コンピテンシー (anticipatory competency)	複数の未来の姿(可能性ある、予想できる、望ましい)を理解し、評価する能力;未来のために自身のヴィジョンを創造する能力;予防原則を応用できる能力;さまざまな行動の結果を評価する能力;リスクと変化を取り扱う能力
規範コンピテンシー (normative competency)	自身のさまざまな行動に内在する規範と価値を理解し、省みる能力;利害関係、二律背反、不確実な知識、矛盾といった対立の文脈のなかで、持続可能性に関する価値・原則・目標・達成目標を協議する能力
戦略コンピテンシー (strategic competency)	ローカルレベルから遠く離れたところまでさらに持続可能になるように、さまざまな革新的な行動を集合的に発展し実施する能力
協働コンピテンシー (collaboration competency)	他者から学ぶことができる能力;他者のニーズ、展望、行動を理解し尊重できる能力(共感);他者を理解し、他者にかかわり、他者に配慮しようとする能力(共感的リーダーシップ);グループにおける対立を取り扱うことができる能力;協働的、参加的な問題解決を促すことができる能力
批判的思考コンピテンシー (critical thinking competency)	規範、実践、意見を問う能力;自分自身の価値、認知、行動を省みる能力;持続可能性の言説において立場をはっきりさせることができる能力
自己認識コンピテンシー (self-awareness competency)	地域社会とグローバルな社会において自分自身の役割を省みる能力;自身の行動を継続的に評価しさらに動機づけできる能力;自身の感情や願望を取り扱う能力
統合的問題解決コンピテンシー (integrated problem-solving competency)	異なる問題解決の枠組みを、複雑な持続可能性に関する問題群に応用する包括的な能力;持続可能な開発を推進するために実行可能で、包摂的で、公平な解決オプションを開発する包括的な能力;上述したさまざまなコンピテンスを統合する能力

本書で取り扱っている問いとその背景

佐藤真久

共通 Q：ほかのSDGsがどのように関係しているだろうか？考えてみよう。 

01 やり直しづらい日本社会

「試行錯誤し、失敗することは、最も学ぶ機会である」とも言われている。試行錯誤・失敗を通して学んだことを書いてみよう。 自

チャレンジを支える仕組みには、どのようなものがあるだろうか？調べてみよう。 戦

自己責任論を超え、お互いに力を持ち寄り、チャレンジを支え合う風土は、社会になにをもたらすだろうか？議論を深めてみよう。 シ

02 日本でも起きている食料問題

国内外で、食料問題に取り組む事例が多く見られる。どのような取り組みがあるか調べてみよう。 批

食料の消費には、「消費を減らすこと(consume less)」と、「良い消費をすること(consume better)」がある。この2点から、食料消費について議論を深めてみよう。 規

食料問題の解決には、社会問題の解決と、自身のライフスタイルの変容が求められている。社会を変え、自身が変わることについて、議論を深めてみよう。 変

03 チャンスに変わるか？人口減少

世界の人口増加が予測される今日において、日本の人口減少はなにを意味するだろうか？多角的にメリット、デメリットを考えてみよう。 批

近年、東京の人口減少が報告されている。その理由とこれからの展望について共有してみよう。 文

外国人受け入れ数が世界第4位の日本社会を踏まえ、多様な人が活き、活かされる社会にしていくにはどうしたらいいだろうか？議論を深めてみよう。 統

04 マイノリティの人々の幸せ向上

「平等」「公平」「公正」「正義」について、調べてみよう。 批

ダイバーシティ（多様性）とインクルージョン（社会的包摂）の推進は、社会になにをもたらすだろうか？議論を深めてみよう。 予

「マイノリティの幸せの向上」には、マジョリティ（多数派）の意識と行動の変容が求められる。マジョリティが取り組む事例について調べてみよう。 変

05 希薄化・孤独化するコミュニティ

自身にとって心地良い「居場所」はどのような場所・環境だろうか。考えてみよう。 自

オンラインコミュニケーションの良さ、対面コミュニケーションの良さについて、議論を深めてみよう。 批

社会変動が大きい不確実な時代に、コミュニティの希薄化・孤独化がもたらす弊害にはどのようなものがあるだろうか？議論を深めてみよう。 シ

06 延ばしたい健康寿命

「未病予防」の考え方とはどのようなものか？その事例を調べてみよう。 批

健康寿命を延ばすために、いまからできることはなにか？環境、社会、経済、文化の側面からできる手立てを考えてみよう。 戦

健康寿命は、医療制度の充実だけを意味していない。健康寿命を一層延ばすために、世代を超えて協働できることはなにか。家族や地域の人とも議論を深めてみよう。 協

07 世界が注目する水資源問題

「統合的水資源管理（IWRM）」とはなんだろうか？調べてみよう。 批

これから世界的に人口増加が予測される中で、水の量、水の質、水へのアクセスの視点において、どのようなことに配慮をしていかなければならないのか、議論をしてみよう。 予

水道設備がない国や地域では、日々の水くみ、トイレの設置と利用形態・衛生環境が、さまざまな社会問題を引き起こしている。調べて、共有してみよう。 シ

08 持続可能なエネルギーの実現と普及

これからの社会のためにどのようなエネルギー源を選択した、もしくは選択したいか。また、その理由を考えてみよう。 規

低炭素社会と脱炭素社会の違いについて、議論を深めてみよう。 批

自然エネルギー・再生可能エネルギーについて調べ、各エネルギーの生産と供給、消費に関するメリット・デメリットについて、議論を深めてみよう。 批

09 出番を求める人々に活躍の機会を

自身はどのような状況や場面で活躍をしたいと思っているだろうか？考えてみよう。 自

「ジョハリの窓」について調べ、自己分析を行い、みんなで議論をしてみよう。 批

「仕事の中の生活」、「生活の中の仕事」、「仕事と生活のバランス」、「仕事と生活の統合」について議論を深め、自分はどうありたいか考えてみよう。 規

10 解放せよ組織内リーダーシップ

これからの社会、どのようなリーダー像が求められているのだろうか？考えてみよう。 規

さまざまな状況下でリーダーとフォロワーの立場が変わる。いろいろな事例を共有してみよう。 文

多様な人が多様な機会でリーダーになると、どのようなことが組織内で起きるだろうか？議論してみよう。 シ

11 専門職が力を発揮できない職場環境

これからの日本社会において、年功序列、縦割り文化、固定的な役割分業がもたらす正と負の影響について考えてみよう。 予

専門職は資格の有無に関わらず、その人の適性を活かした仕事の仕方、社会への関わり方を意味する。自身のやりたいことと、社会が求めていることをつなげるためには、どのような取り組みが必要だろうか？考えてみよう。 統

これからの社会では、専門的知見を超えた、分野横断的な視座・視点を有している人が必要とされている。それはなぜか、議論を深めてみよう。 批

12 日本中に眠る未利用資源

未利用資源を活用した事例について調べてみよう。 批

「人は資源であり（人的資源）、資本でもある（人的資本）」と言われている。人的資源と人的資本の違いについて調べてみよう。 批

過去の知見や在来知が現代社会で活かされることもある。サステナビリティに活かす温故知新について議論を深めてみよう。 文

13 止まらない気候変動

気候変動には、緩和対策と適応対策が求められている。日本ではどのような対策が求められているか調べてみよう。 文

2021年に、国連気候変動枠組条約第26回締約国会議（COP26）が、イギリスのグラスゴーで開催された。関連情報を集めて議論してみよう。 批

近年、「気候正義」という用語が使われている。この言葉の意味することについて、社会課題と関連づけて議論をしてみよう。 シ

14 社会づくりに参加しやすく

地域との接点のない生活をしている人たちが、地域を発見し、地域活動に参加をするためには、どのような場づくりが重要か考えてみよう。 批

「参加」と「参画」の違いについて議論をしてみよう。 批

社会づくりに参加しやすい仕組みをつくると、どのような変化・影響が出てくるだろうか？議論してみよう。 予

15 時代に合わせた幸せの模索と実現

「ウェル・ビーイング（well-being）」と「ハピネス（happiness）」の違いについて、調べてみよう。 批

幸福感を持ち続けるためには、どのようなものの捉え方が必要だろうか？日常会話の中にある言葉を探して、共有してみよう。 自

多くの人がなにを「幸せ」と感じているのか、インタビューをしてみよう。 統

16 高ストレス型社会からの脱却

あなたにとって「高ストレス」とはなんだろうか？それらをもたらしている理由について考えてみよう。 自

人間関係や環境でストレスを感じている場合、「自身の変容」でストレスを回避できる場合がある。ストレスを回避するための「自身の変容」について考えてみよう。 変

どのようにストレスに対処し、解消したかを共有してみよう。 批

アイコンの見方

ESDレンズ：統 統合的レンズ　批 批判的レンズ　変 変容的レンズ　文 文脈的レンズ

持続可能性キー・コンピテンシー：シ システム思考　予 予測　規 規範　戦 戦略　協 協働　批 批判的思考　自 自己認識　統 統合的問題解決

現場の先生がたの声

独立行政法人国際協力機構(JICA)は、日本の政府開発援助(ODA)の実施機関として、国際社会とも連携しSDGsの達成を目指しています。SDGsは持続可能な社会を未来に繋ぐための世界共通の目標。日本の学習指導要領や企業行動憲章にも明記され、取り組まれています。
JICAの教員向け研修は、国際協力の現場を知り、持続可能な社会を考え、その創り手を育てていくための研修です。2021年度は日本国内で国際協力や多文化共生に取り組む現場を訪問し、「人間の安全保障」を切り口に考えを深めました。ご参加の先生方から本書への声を頂きましたのでご紹介します。

JICA東京　教員研修・開発教育支援事業　担当　古賀 聡子

昨年、企業見学に行った生徒が、担当者からもらった名刺に取り組んでいるSDGsについて明記してあることや、パンフレットにSDGsの取り組みが書かれていることを教えてくれた。生徒の中にもSDGsが大分浸透してきたことを感じる。この本では、SDGsに取り組む様々な企業の実践が紹介されており、進路活動の際に生徒の企業研究に有効活用したい。また、日本の課題から関連するSDGsが紹介されているので、生徒が身近な問題をグローバルな視野で捉え、対話の中で深め、マイアクションにつなげていくことができるヒントが見つかりそうだ。

東京都立五日市高等学校　中村 俊佑

生徒が教科の学習を通して学ぶことと実社会をいかにつなげるか。私が今最も力を入れて取り組んでいることです。本書を通して、生徒たちはSDGsと社会課題を関連付けて自分事化していくことができます。また、教師は教科の横断の仕方やすぐに実践できる活動のアイデアを得ることができます。けんたやゆみたちのように、学校を通してたくさんの大人たちに出会い、誰かのために考えて行動することから学びを深める生徒たちがますます増えることを願ってやみません。

目白研心中学校・高等学校　森岡 浩希

「SDGsは企業だけ、自分には関係ない」や「一人だけやっても変わらない」と思ってしまう人もいるかもしれません。しかし、時に大人よりみなさんが持つパワーの方が大きいこともあります。今後、社会がさらに多様化していく中で、自分の意見がとても重要になり、それは他人と交流し、繋がることで見えてきます。社会で何が起こっているのかを考え、周りの人の意見を聞き、継続して行動していく波を作るきっかけをこの本を通して得られたらと思います。

長岡工業高等専門学校　兵藤 桃香

子どもたちは、世界で起きている様々な問題はどこか他人事としてとして捉えがちです。本書では、自分たちが暮らす「日本」という国の様々な社会課題を取り扱っています。世界で起きている問題が、日本でも起きている。そのことを知り・考え・行動へとつなげていくための教材として、総合的な学習の時間を軸に、教科等横断的に活用することができます。また、多くの企業の取り組みも紹介されているので、様々な見方・考え方を働かせながら、学びに生かすことができるのではないでしょうか。

野田市立柳沢小学校　横田 美紗子

各章の始まりがマンガになっていて、その章のテーマをつかみやすい構成になっています。第2章では日本が抱えているこれから解決すべき課題を一つひとつ取り上げ、SDGsとの関連がわかります。「考えてみよう&やってみよう!」ではワークショップ型になっており、課題をジブンゴト化しやすくなっています。第3・4章では、ダイバーシティを実践する職場が紹介されており、職場体験学習の事前学習にも使えそうです。課題探究学習のヒント満載のワクワクする1冊です。

安曇野市立豊科南中学校　浅原 規貴

「女子は…だ」「男なんだから…」つい言ってしまいがちな言葉です。しかし、その違和感に気づくことがSDGsやダイバーシティについて考える第一歩だと思います。私が勤める特別支援学校は知的障害がある児童生徒が通う学校です。他にも肢体不自由、病弱、視覚障害、聴覚障害の特別支援学校があります。今は皆さんが通う学校と分けられていることが「当たり前」になっています。しかし、創意工夫を重ね「当たり前」を超えた未来では障害者も健常者も同じ教室で学んでいるかもしれません。あなたが考える「みんなが幸せな未来」とはどんな未来でしょうか。

埼玉県立上尾かしの木特別支援学校　宮田 千尋

「ダイバーシティ」に視点を変えて、これまでの課題を多面的に考えられる一冊です。この本は、我々に「きっかけ」を与えてくれるものであり、興味あるところから、さらに詳しく調べることが大切だと思います。ぜひ、Web上の「社会課題解決中マップ」にも目を通してみてください。

川口市立小谷場中学校　須賀 与恵

「よりよい授業を目指して授業を実践していると自ずと学習指導要領の目標を実現できている」と言われたことがあります。この本を読んで「よりよい世界を考えて行動していくと自然とSDGsへつながっていく」目標ではなく「全ての人が幸せに暮らすための心構え」が大切なのだと改めて気付かされました。登場人物たちの率直な言葉に共感しながら、日本の抱えている問題と17の目標を関連づけて具体的に考えていくことのできる内容となっています。

白百合学園小学校　植木 凡子

身近な問題を捉えなおし、社会のできごとにどのようにアプローチするかを示してくれる"地図"となる一冊です。探究学習の課題提起や学校と社会を繋ぐ際に企業がどのような取り組みをしているか、SDGsとどのように関わりをもっているかの調べ学習としても活用できます。何気ない日常の中に持続可能な社会に向けたさまざまな取り組みや考え方が隠れています。ぜひ、本書をスコープとしてそれを見つけ、一緒に取り組んでみませんか?

東京都立多摩中等教育学校　田中 駿一

SDGsの視点を授業に取り入れたいと思っても、教師である自分が分かっていないからと踏み込めないでいる皆さん。この本があれば、子どもたちの実態に応じて、初めの一歩を踏み出せます。身近な生活の中の課題から考えていくことも、ダイバーシティな社会について調べていくことも、子どもたちと一緒に教師も学んでいけます。いやいや、この本があれば、子どもたち自ら動き出します。だって、私がそうだったから。

東京学芸大学附属小金井小学校　中村 香

SDGsと理念と経済活動というのは、得てして両立しないように思われる。これは大量生産・大量消費こそ利益が最大化するという、従来型のビジネスモデル、いわば古い価値観が私の頭の中に根強く残っているからである。この本には従来型の利益追求スタイルから脱却し、新しい価値観に基づき、しかもビジネスとして成功している企業の事例が多数掲載されている。このような企業の活動から、世の中が確実に、そして着実に変わっていることを実感することができる。

東京都立国分寺高等学校　柴田 祥彦

生徒から「身近な社会の課題を見つけるは難しい」と言われます。確かに都市に住んでいるとそう思うかもしれません。そんなとき本校では本書シリーズを参考にするように指導しています。身近な自治体やNPO/NGO、企業がどんな取り組みをおこなっているかを簡単に知ることができるからです。また本書のポイントは、社会の課題を解決するとき、必ず考慮しなればならない『多様性』について新しく取り上げられているところです。

都立千早高等学校　藤井 宏之

本校の家庭科では、どの単元の課題もSDGsのテーマに沿って授業を行っています。生徒たちはこの資料を参考にしながら、課題解決のアイデアを創作することができます。特にイラストが多く、身近な問題に焦点を当てた内容は、生徒たちに理解しやすいもので、とても使用しやすいと思います。年間を通して、またどの教科でもでも使用できるような内容だと思います。生徒にとって重要なバイブルです。

ぐんま国際アカデミー中高等部　天海 敦子

私たち現場の教科の中で「歴史」はありますが、「未来」という科目はないんです。私は常々この「未来」という科目の必要性をずっと感じているんです。現代社会や家庭科がそれに近いかもしれませんが、それとは少し扱う視点が違う気がします。自分が生きていく「未来」がどうなるか、どんな問題があるのか、何を解決すべきか、それらを自分事として扱うことはとても大切なことです。もし「未来」という科目があるのならば、SDGsダイバーシティBOOKは最適なテキストだと思います。

千葉県立小金高等学校　椿 仁三千

「SDGsは、誰かがどこかで取り組んでくれる目標ではない。すべての人が自分らしく力を発揮し、一緒に生きていくための目標なのだ」と、本書を通して学んだ生徒は気付くはずです。私のルーツ・私の経験・私の個性は、世界のみんなと幸せに生きるために、どう生かせるんだろう。こんな素敵な問いを、生徒と深めていくのが楽しみです。

東京都立大泉高等学校　玉腰 朱里

学校を企業や社会とつなげる架け橋となる1冊だと思います。私自身現場で探究活動を行う中で、生徒の活動が現実社会と結びつかないことに日々悩んできました。この本ではSDGs各目標に関連した取り組みを行う企業が、目標ごとに、HPへのQRコード付きで掲載されています。社会や企業に苦手意識のある生徒にも先生にも簡単に情報を共有できる工夫があり、学校現場でこそ使いやすい1冊です。

埼玉県立鳩ヶ谷高等学校　吉田 大祐

おわりに

佐藤真久

本書は、『未来の授業 SDGsダイバーシティBOOK』と題して、SDGsへの関心と本質的な理解を促す「導入教材」として位置づけるだけではなく、SDGsへの関心・理解から、自身のあり方、「私の行動」と「私たちの協働」へとつなげる「態度・行動・協働型教材」として位置づけ、さらには、SDGsと日本の社会課題といったグローカルな課題を取り扱う「グローカル教材」としても位置づけています。また、国連・持続可能な開発のための教育の10年(DESD:2005-2014)を通して蓄積された知見に基づき、ESDレンズ(P158)と、持続可能性キー・コンピテンシー(P158)などを生かすことによる「探究活動を促す教材」としても位置づけています。

以下に、本書の特徴と、探究活動を支えるアプローチについて整理をしました。

---

1. SDGsへの関心と本質的な理解を促す「導入教材」

2015年9月に国連により発表された「持続可能な開発目標」(SDGs:2016-2030)(図1)は、17の目標と169のターゲットからなる国際的な開発目標です。限られた地球惑星の環境下で、持続可能な発展を遂げるために、「誰一人取り残さない」というスローガンのもとで発表された国際的な開発目標です。現在では、企業、自治体、NPO／NGO、教育機関などのさまざまな組織、地域社会、個人が、この開発目標にコミットをすべく取り組んでいます。

SDGsに対する関心を高めることはもちろん重要ですが、それよりも重要なのは、SDGsの本質を理解することです。筆者は、SDGsの世界観には、(1)“地球の限界”(planetary boundaries)に配慮をしなければならないという「地球惑星的世界観」、(2)“誰一人取り残さない”(no one left behind)という人権と参加原理に基づく「社会包容的な世界観」、(3)“変容”(transformation)という異なる未来社会を求める「変容の世界観」があると指摘しています。さらに、SDGsの特徴については、(1)“複雑な問題”への対応(テーマの統合性・同時解決性)、(2)“共有された責任”としての対応(万国・万人に適用される普遍性・衡平性)を挙げています。このような、世界観と特徴といったSDGsの本質に対応をしながら、社会の変動性が高い状況下(VUCA社会)のなかで、「持続可能な社会」の担い手を育むことが急がれていると言えるでしょう。本書では、このような、SDGsの本質(世界観や特徴)に軸足を置きながら、17の目標の紹介だけに終わらない導入教材を制作しました。

図1:世界の開発目標ー持続可能な開発目標(SDGs)

2. 自身のあり方、「私の行動」と「私たちの協働」へとつなげる「態度・行動・協働型教材」

本書は、これまでの啓発書に見られる関心・理解を深める教材を超えた、自身のあり方、「私の行動」と「私たちの協働」へとつなげる「態度・行動・協働型教材」です。"ダイバーシティ"という用語を使用することで、多文化共生や文化の混成性を問う教材として位置づけています。「考えてみよう」という問いを多数設定すること、自身や社会を振り返り、態度・行動・協働を促す教材としてのデザインがなされています。SDGs第17目標（パートナーシップで目標を達成しよう）でも指摘されているように、多様な主体の力を持ち寄る協働（マルチステークホルダー・パートナーシップ）を通して、「私たち」の取り組みを深め、社会全体の問題対応力を高めること（社会生態系の構築）を意識して教材がデザインされています。

3. SDGsと日本の社会課題といったグローカルな課題を取り扱う「グローカル教材」

本書の特徴は、SDGsと地域課題といったグローカルな課題を取り扱う「グローカル教材」としての位置づけがあることです。特定非営利法人ETIC.（筆者、元理事）は、全国のパートナー組織と実施している227の取り組みから、数回のワークショップの開催を通して、日本社会において直面している・直面しうるさまざまな課題を、1年を通して抽出し、整理しました。これが、「社会課題解決中マップ」です（図2）。この「社会課題解決中マップ」という、日本の地域社会における具体的な実践から抽出された社会課題を取り扱うことにより、国際的な開発目標であるSDGsと、日本の社会課題を取り扱った「社会課題解決中マップ」を関連づけ、「SDGsの自分ごと化」を促し、グローカルな文脈での学びを深める教材（グローカル教材）として機能しています。

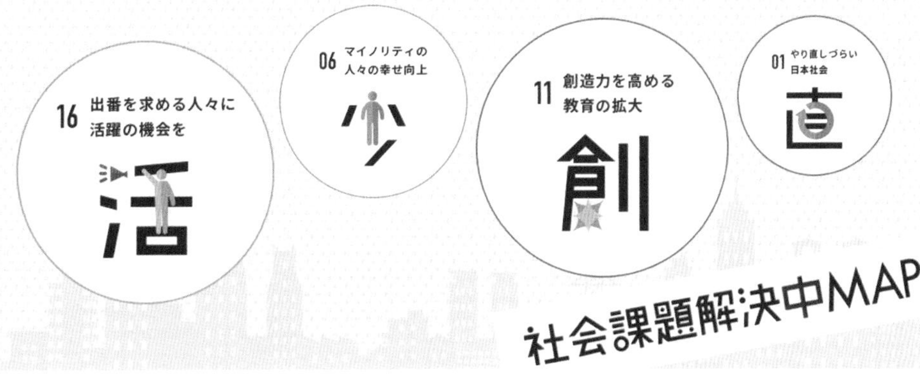

図2：ETIC.が抽出した日本の社会課題（社会課題解決中マップ https://2020.etic.or.jp/）

4. SDGsを生かした学習と探究活動の高い親和性

筆者は、朝日新聞の未来メディア(https://miraimedia.asahi.com/satomasahisa01/)において、動的で包括的な問題解決に向けた、スパイラルとしてのSDGsへと、SDGsの捉え方の転換の重要性を指摘しています(図3)。ここでは、これまでのSDGsの個々の目標に対応する発想から(個別目標としてのSDGs)、SDGs同士の関係性と複雑性に気づき(円環としてのSDGs)、さらには、動的で包括的な問題解決に向けた"力を持ち寄る協働"(統合的問題解決に向けたスパイラルとしてのSDGs)への発想の転換が求められていることを指摘しています。ここで重要なのは、SDGsを生かした学習と探究活動には高い親和性が見られることです。多様なものを関連づけながら、問題・課題の捉え直しをし、動的で包括的な問題解決をしていくには、問いの設定と問いの共有(社会化)、視点を得て、視座を高めることを通した学習と協働のスパイラル構造(図4)なしにはあり得ないということです。

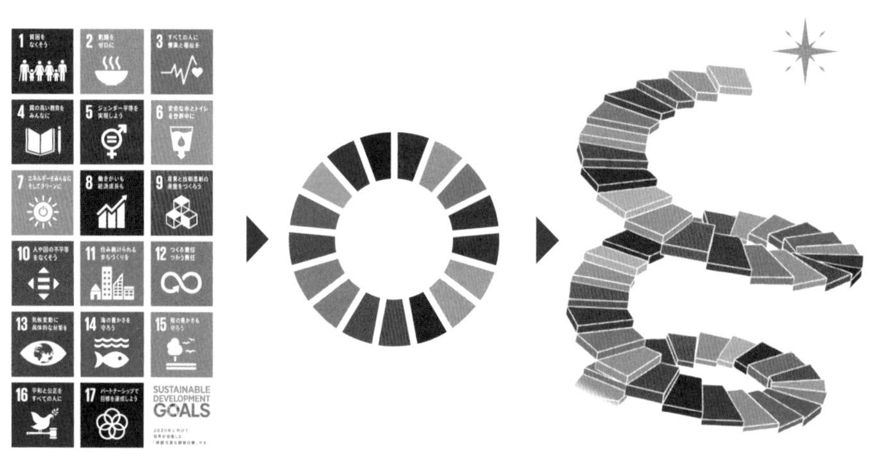

図3:動的で包括的な問題解決に向けた、スパイラルとしてのSDGsへ (https://miraimedia.asahi.com/satomasahisa01/)

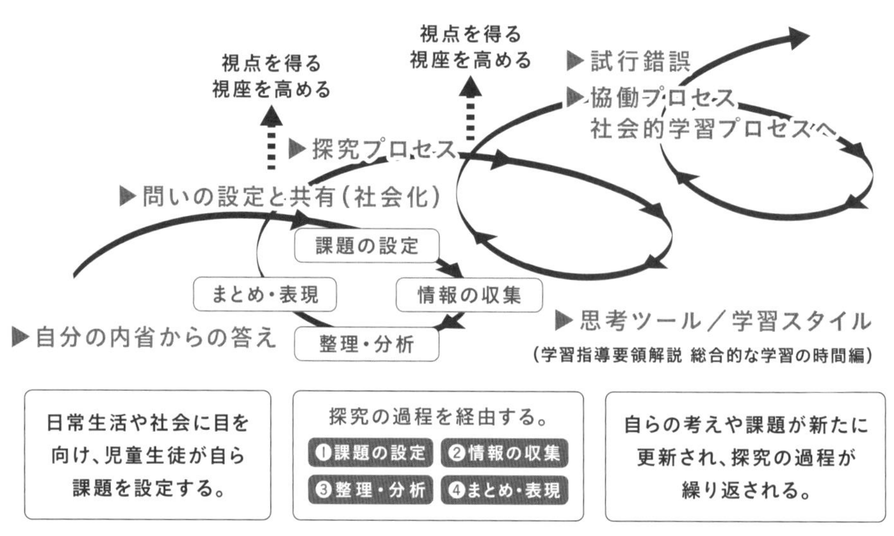

図4:探究活動に求められるスパイラル構造(文科省、2018に基づき筆者加筆修正)

5. 探究活動を支えるアプローチ
ー異なる学習スタイルに基づくキャラクター設定

探究活動を支えるアプローチにおいては、先述の「子どもの探究活動を支えるアプローチーESDレンズと、持続可能性キー・コンピテンシーに基づく問いの設定(P158)」もそのひとつです。加えて、本書では「SDGsチャレンジストーリー」と題して、4人の生徒の挑戦が漫画として紹介されています。各キャラクターには、異なる学習スタイルを設定し、4人が力を持ち寄り協働する姿が描かれています。実際の学習活動においても、異なる学習スタイルを生かした探究活動が求められることと思われます。異なる学習スタイルを生かした探究活動は、まだ、十分に日本の学校現場で実践されていませんが、経験学習分野における学術研究(Kolb, 1984;2001)などを通して、その重要性が指摘されています。

以下に、本書におけるキャラクターの背景にある異なる学習スタイルを提示しました。

本書におけるキャラクター設定(異なる学習スタイルに基づく)

キャラクター	学習スタイル	タイプ
男の子A:けんた	適応型:具体的経験と能動的実験により学ぶ傾向にあり、計画を実行したり、新しいことに着手することが好きである。環境に対する適応力が強く、直感的な試行錯誤によって問題解決をする場合が多い。気楽に人と付き合うが、忍耐に欠け、でしゃばりと思われがちである。	直観・行動派
男の子B:かずや	同化型:抽象的概念と熟考的観察を好み、帰納的に考え、理論的モデルを構築する傾向にある。人より抽象的概念や理論に興味があり、実践的よりも理論的な考えを重視する。	理論派
女の子A:ゆみ	収束型:主に抽象的概念、および能動的実験により学ぶ傾向にある。問題解決、意思決定、アイデアの実践に優れ、感情表現は少なく、対人的問題よりも技術的問題に取り組むことを好む。	アイデア実践派
女の子B:みのり	発散型:具体的経験と熟考的観察から学ぶ傾向にあり、想像力旺盛で、価値や意義について考えることが多い。状況をさまざまな角度から見て、行動よりも観察により適応する。人とのかかわりを好み、感情を重視する。	価値・意義重視派

6. 最後に

ここでは、本書の活用に向けて、本書の特徴を紹介するとともに、探究活動を支えるアプローチについて述べてきました。本書は、既版本との連動を通して活用可能なものにする「パッケージ教材」としても位置づけています。さまざまなSDGs関連教材にかかわる関係者とのコラボレーションにより、既版本との連動を生かしてなにができるのかをまとめました。さらには、JICA東京の教師海外研修(テーマ:ESD / SDGs、筆者は学術アドバイザー)の参加教員の協力を仰ぎ、学校現場での教科との関連の可能性、学習活動とのつながりの可能性について寄稿いただきました。多くの教員が校種、教科を超えた本書の活用の可能性を指摘しています。

本書が、正解のない問いとともに生きる時代において、SDGsの関心・理解を深め、社会課題を自分ごと化し、態度・行動・協働を促し、探究活動を深めることに役立つことを願ってやみません。待ったなしの時代、学習と協働を連動させ、自身のあり方を模索する探究活動の充実が、持続可能な未来の構築に資すると確信しています。

参考になるダイバーシティ・SDGs関連の書籍・教材

ダイバーシティ関連図書

- **『OECD幸福度白書』** OECD 編著(明石書店)
- **『全国データ SDGsと日本ー誰も取り残されないための人間の安全保障指標』** NPO法人「人間の安全保障」フォーラム 編・高須幸雄 編著(明石書店)
- **『激動するグローバル市民社会ー「慈善」から「公正」への発展と展開』** 重田康博 著(明石書店)
- **『グローバル時代の「開発」を考えるー世界と関わり、共に生きるための7つのヒント』** 西あい・湯本浩之 編著(明石書店)
- **『多文化共生のためのシティズンシップ教育実践ハンドブック』** 多文化共生のための市民性教育研究会 編著(明石書店)

SDGs概要書・多様な教育実践事例・アイデア集

- **『SDGs 国連 世界の未来を変えるための17の目標ー2030年までのゴール』** 日能研教務部 編(みくに出版)
- **『私たちがつくる持続可能な世界ーSDGsをナビにして』** (日本ユニセフ協会)
- **『未来を変える目標ーSDGsアイデアブック』** Think the Earth 編(紀伊國屋書店)
- **『基本解説ーそうだったのか。SDGs2020』** (SDGs市民社会ネットワーク)
- **『国際理解教育実践資料集』、『学校に行きたい!』、『ぼくら地球調査隊』、『どうなってるの?世界と日本』、『共につくる私たちの未来』** (JICA)
- **『先生・ファシリテーターのための 持続可能な開発目標ーSDGs・アクティビティ集』、『8つのアクティビティでSDGsについて知り、自分ゴト化し、行動へつなぐ教材』、『私たちが目指す世界ー子どものための「持続可能な開発目標」』** (セーブ・ザ・チルドレン・ジャパン)
- **『パートナーシップでつくる私たちの世界/国連の新しい目標ー2030年に向けて(概要編)』、『パートナーシップでつくる私たちの世界ー未来に向かってみんなで力を合わせて(事例編)』** (環境パートナーシップ会議)
- **『SDGs北海道の地域目標をつくろう2ーSDGs×先住民族』** (さっぽろ自由学校「遊」)
- **『持続可能な地域のつくり方ー未来を育む「人と経済の生態系」のデザイン』** 筧裕介 著(英治出版)
- **『お笑い芸人と学ぶ13歳からのSDGs』** たかまつなな 著(くもん出版)

SDGs専門書

- **『持続可能な開発目標とは何かー2030年へ向けた変革のアジェンダ』** 蟹江憲史 編著(ミネルヴァ書房)
- **『SDGsの基礎』** 事業構想大学院大学出版部 編(宣伝会議)
- **『SDGsの実践ー自治体・地域活性化編』** 事業構想大学院大学出版部 編(宣伝会議)
- **『SDGs時代の教育ーすべての人に質の高い学びの機会を』** 北村友人 ほか編著(学文社)
- **『SDGsとまちづくりー持続可能な地域と学びづくり』** 田中治彦 ほか編著(学文社)
- **『SDGsと開発教育ー持続可能な開発目標ための学び』** 田中治彦 ほか編著(学文社)
- **『SDGsと環境教育ー地球資源制約の視座と持続可能な開発目標のための学び』** 佐藤真久 ほか編著(学文社)
- **『SDGs時代のパートナーシップー成熟したシェア社会における力を持ち寄る協働へ』** 佐藤真久 ほか編著(学文社)

参考になるダイバーシティ・SDGs関連のウェブサイト

- 首相官邸ー持続可能な開発目標(SDGs)推進本部　http://www.kantei.go.jp/jp/singi/sdgs
- 外務省ーJAPAN SDGs Action Platform　https://www.mofa.go.jp/mofaj/gaiko/oda/sdgs/index.html
- 国連(UN)ーSDGs公式サイト(英語)　https://www.un.org/sustainabledevelopment
- 国連(UN)ー持続可能な開発・ナレッジプラットフォーム(英語)　https://sustainabledevelopment.un.org/sdgs
- 国連広報センター(UNIC)　https://www.unic.or.jp
- 国連大学(UNU)ー国連大学と知るSDGs　https://jp.unu.edu/explore
- 国連教育科学文化機関(UNESCO)ーSDGs関連資料(教育者のための資料)(英語)
  https://en.unesco.org/themes/education/sdgs/material
- ユニセフ(UNICEF)ー学校のための持続可能な開発目標ガイド　https://www.unicef.or.jp/kodomo/sdgs
- 国際協力機構(JICA)ーSDGs(持続可能な開発目標)とJICA　https://www.jica.go.jp/aboutoda/sdgs/index.html
- 国際協力機構(JICA)地球ひろばーSDGs教材アーカイブ
  https://www.jica.go.jp/mobile/hiroba/teacher/material/index.html#a02
- ESD活動支援センター(環境省・文部科学省)　https://esdcenter.jp/
- 地球環境戦略研究機関(IGES)　https://archive.iges.or.jp/jp/sdgs/index.html
- ユネスコ未来共創プラットフォーム　https://unesco-sdgs.mext.go.jp/
- ユネスコ・アジア文化センター(ACCU)ーユネスコスクール　http://www.unesco-school.mext.go.jp
- 地球環境パートナーシッププラザ(GEOC)　http://www.geoc.jp/
- SDGs市民社会ネットワーク　https://www.sdgs-japan.net/
- 地方創生SDGs官民連携プラットフォーム　http://future-city.jp/
- グローバル・コンパクト・ネットワーク・ジャパン(GCNJ)　http://www.ungcjn.org
- 日本環境教育フォーラム(JEEF)　http://www.jeef.or.jp/
- 消費者教育支援センター(NICE)　https://www.consumer-education.jp/
- 開発教育協会(DEAR)　http://www.dear.or.jp/book/
- 全国地球温暖化防止活動推進センター(JCCCA)　https://www.jccca.org/
- 教育協力NGOネットワーク(JNNE)ーSDG4教育　http://www.jnne.org/sdg2021/
- 日本ユネスコ協会連盟ー世界寺子屋運動／世界遺産活動・未来遺産運動／ESD　https://www.unesco.or.jp/
- Save the ChildrenーSDGsページ　https://www.savechildren.or.jp/lp/sdgs
- EduTown SDGs　https://sdgs.edutown.jp
- Think the Earth　http://www.thinktheearth.net/jp
- ETIC.ー社会課題解決中MAP　https://2020.etic.or.jp
- SDGs高校生自分ごと化プロジェクト　https://www.gyakubiki.net/sdgs
- グローバル教育推進プロジェクト(GiFT)　https://j-gift.org/
- 責任ある生活(PERL)(英語)　https://www.perlprojects.org/resources-and-publications.html

監修・編集協力・協力者・団体

監修

佐藤 真久（さとう・まさひさ）

東京都市大学大学院 環境情報学研究科 教授

英国国立サルフォード大学にてPh.D取得（2002年）。地球環境戦略研究機関（IGES）の第一・二期戦略研究プロジェクト研究員、ユネスコ・アジア文化センター（ACCU）の国際教育協力シニア・プログラム・スペシャリストを経て、現職。SDGsを活用した地域の環境課題と社会課題を同時解決するための民間活動支援事業委員長、国際連合大学サステイナビリティ高等研究所客員教授、北京師範大学客員教授、UNESCO ESD-GAPプログラム（PN1：政策）共同議長、特定非営利活動法人ETIC.理事などを歴任。現在、責任ある生活についての教育と協働（PERL）国際理事会理事、JICA技術専門委員（環境教育）、IGESシニア・フェロー、ユネスコ未来共創プラットフォーム事業運営協議会座長などを務める。協働ガバナンス、社会的学習、中間支援機能などの地域マネジメント、組織論、学習・教育論の連関に関する研究を進めている。

編集協力

認定NPO法人ETIC.（エティック）

社会の未来をつくる人を育む認定NPO法人。1993年の創業以来、政府や大学、大手企業、先輩経営者など、さまざまなプレイヤーと手を組みながら、大学生や20代の若者たちが「社会の課題や未来」について考え、実践する機会づくりを行っている。大学生を対象としたイノベーションスクール「MAKERS UNIVERSITY」、社会課題解決を目指す起業家支援プログラム「社会起業塾」などを通して、これまで1,600人以上の起業家を輩出してきた。

監修協力

株式会社ワーク・ライフバランス 大塚万紀子、新井セラ

寄稿

独立行政法人国際協力機構（JICA）理事長　北岡伸一

一般社団法人日本経済団体連合会 ソーシャル・コミュニケーション本部　菅原佑香

琉球舞踊 重踊流 二世宗家　志田真木

日本パラリンピック委員会 委員長　河合純一

取材協力

公益社団法人海外青年協力協会「JOCA東北」

特定非営利活動法人安芸高田国際交流協会

株式会社ワーク・ライフバランス

特定非営利活動法人ABCジャパン

公益財団法人アイヌ民族文化財団「民族共生象徴空間（ウポポイ）」

協力

JICA東京

日本肢体不自由者卓球協会

コメントを寄せてくださった先生方

東京都立五日市高等学校 中村俊佑／目白研心中学校・高等学校 森岡浩希／長岡工業高等専門学校 兵藤桃香／野田市立柳沢小学校 横田美紗子／安曇野市立豊科南中学校 浅原規貴／埼玉県立上尾かしの木特別支援学校 宮田千尋／川口市立小谷場中学校 須賀与恵／白百合学園小学校 植木凡子／東京都立多摩中等教育学校 田中駿一／東京学芸大学附属小金井小学校 中村香／東京都立国分寺高等学校 柴田祥彦／都立千早高等学校 藤井宏之／ぐんま国際アカデミー中高等部 天海敦子／千葉県立小金高等学校 椿仁三千／東京都立大泉高等学校 玉腰朱里／埼玉県立鳩ヶ谷高等学校 吉田大祐

（順不同）

未来の授業

SDGsダイバーシティBOOK

発 行 日　2021年12月28日　初版第一刷発行

発 行 者　東 彦弥

発 行 所　株式会社宣伝会議
〒107-8550　東京都港区南青山3-11-13
Tel.03-3475-3010（代表）
https://www.sendenkaigi.com/

監　　修　佐藤真久

編集協力　認定NPO法人ETIC.

特別協力　学校法人 先端教育機構 SDGs総研

制作進行　株式会社広瀬企画

マ ン ガ　柏原昇店

イラスト　岡村亮太

印刷・製本　三松堂株式会社

ISBN 978-4-88335-533-4　C0036

※本書はFSC®森林認証紙、ベジタブルインクを使用しています。

宣伝会議の出版物

本書と併せて、ぜひ御覧ください。

SDGsの基礎: なぜ、「新事業の開発」や「企業価値向上」につながるのか

SDGsの基本的な内容や成り立ち、政府の取り組みはもちろん、企業の取り組みも多数紹介。経営者・経営企画・CSR担当者から、新社会人、学生まで、SDGsに取り組むすべての方に向けた書籍。

事業構想大学院大学 出版部編、沖大幹・小野田真二・黒田かをり・笹谷秀光・佐藤真久・吉田哲郎 著
定価：1980円(本体+税)
ISBN：978-488335-441-2

SDGsの実践 ～自治体・地域活性化編

自治体職員や地域活性化に取り組む地域企業の方がを念頭に、考え方や取り組み事例等を紹介。地方自治体としてSDGsを理解・活用したい、地域課題を解決する人材を育成したいという方におすすめです。

事業構想大学院大学 出版部編、村上周三・遠藤健太郎・藤野純一・佐藤真久・馬奈木俊介著
定価：1980円(本体+税)
ISBN：978- 88335-464-1

未来の授業 私たちのSDGs探究BOOK

2019年に発行された、本書シリーズの第一弾。日本が抱える社会課題とSDGsを関連させつつ、子どもにわかりやい内容で、企業や自治体・NPOの取り組みを紹介。親子でSDGsを教育現場に取り入れたいという方におすすめの1冊。

佐藤真久監修
NPO法人ETIC.編集協力
定価：1980円(本体+税)
ISBN：978-488335-475-7

未来の授業 SDGsライフキャリアBOOK

2020年に発行された、本書シリーズの第二弾。「SDGs×ライフキャリア」をテーマに、4人の主人公がSDGsについて学習、体験し、自分たちの生き方を模索しながら成長していくストーリーを描くと共に、企業の実践事例を多数掲載。

佐藤真久監修
NPO法人ETIC.編集協力
定価：1980円(本体+税)
ISBN：978-488335-506-8

希望をつくる仕事 ソーシャルデザイン

ソーシャルデザインとは、自分の「気づき」や「疑問」を社会をよくすることに結びつけ、そのためのアイデアや仕事をデザインすること。そのアイデアを35の事例で紹介するソーシャルデザインの入門書。

ソーシャルデザイン会議実行委員会編著
定価：1590円(本体+税)
ISBN：978-488335-274-6

地域の課題を解決するクリエイティブディレクション術

地域の課題を解決するクリエイティブディレクション術
そのお土産、道の駅以外でも売れますか?
感覚に頼らずプロジェクトを成功に導くクリエイティブディレクションの方法論
宣伝会議
クリエイティブ・ディレクター 田中淳一

クリエイティブディレクターとして、全国38の都道府県で自治体や企業、NPOなどの案件を率いてきた筆者による、地域プロジェクトならではのディレクション術。地域活性化を目指す自治体やローカル企業の仕事で成果を出すための方法論を解く。

田中淳一著
定価：1980円(本体+税)
ISBN：978-488335-529-7

宣伝会議の出版物

各商品に関する詳しい情報はホームページをご覧ください。

名作コピーの時間

クリエイティブの専門誌、月刊「ブレーン」の連載「名作コピーの時間」を書籍化。現役のクリエイター 124人の心に刺さり、今でもお手本になるコピー。彼らをして「自分では絶対に書けない」と言わせるコピーを、エピソードと共に振り返ります。

宣伝会議書籍編集部編
定価：1980 円(本体＋税)
ISBN：978-4-88335-449-8

日本のコピーベスト500

トップクリエイター 10名が、日本のコピーのベスト500を選出。この1冊で主要なコピーを網羅。ベスト100には選評を、決選投票で選出したベスト10には選者全員による選評を掲載する。

安藤隆・岡本欣也・仲畑貴志・前田知巳・小野田隆雄・佐々木宏・山本高史・児島令子・一倉宏・澤本嘉光著
定価 2200 円(本体＋税)
ISBN：978-488335-240-1

SKAT.20

宣伝会議賞は、広告界の専門誌『宣伝会議』通巻100号を記念して1962年に創設された、日本最大の公募広告賞。「SKAT.20」には、第58回の入賞作品、審査講評、一次審査通過以上の作品と、中高生部門一票以上獲得の作品を収録する。

第58回宣伝会議賞実行委員会編
定価：2200 円(本体＋税)
ISBN：978-488335-522-8

言葉ダイエット メール、企画書、就職活動が変わる最強の文章術

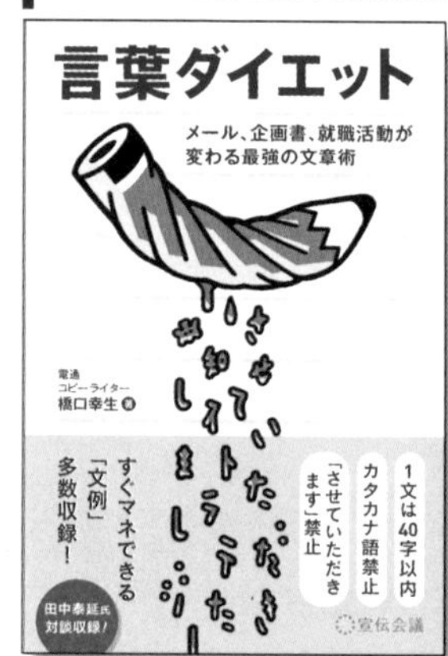

ダラダラ文章とサヨナラするための解決方法はただひとつ。ムダな要素を削ぎ落とすこと。つまり「言葉のダイエット」です。実践例を紹介!読み手を惹きつける「発見」のある文章の作り方を、4ステップで解説する。

橋口幸生著
定価：1650 円(本体＋税)
ISBN：978-488335-480-1

広告コピーってこう書くんだ読本

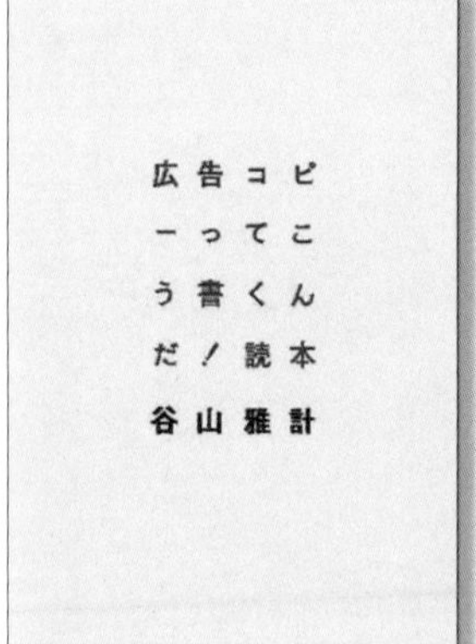

新潮文庫「Yonda？」、「日テレ営業中」などの名コピーを生み出した、コピーライター谷山雅計。広告コピーの最前線で20年以上活躍している著者が実践してきた、普段から自分のアタマを発想体質にするためのトレーニング法を紹介。

谷山雅計著
定価：1980 円(本体＋税)
ISBN：978-488335-179-4

伝わっているか？

「伝える」と「伝わる」、そこには大きな違いがある。本書では、サントリー伊右衛門などを手がけるコピーライター・小西利行が「伝わる」メソッドを公開する。言葉を変えるだけで仕事が、恋愛が、毎日が劇的に変わる 目からウロコのメソッド満載。

定価：1540 円(本体＋税)
ISBN：978-488335-304-0